당신이

꿈을 이루길

응원합니다

공부하기가

죽기보다
싫을 때
읽는 책

공부하기가

죽기보다
싫을 때
읽는 책

권혁진 지음

다연
DAYEONBOOK

Prologue

지루하지 않게
공부하는 법은 있다

"우리 애가 머리는 좋은 편인 것 같은데 노력을 안 해요."

공부에 관한 질문을 받으면 부모들이 흔히 하는 대답이다. 노력 부족이 다른 무엇보다 가장 큰 문제라는 것이다. 사실, 극소수를 제외하면 머리가 나빠서 공부가 어려운 사람은 거의 없다. 단지, 공부하기 싫어하는 마음 때문에 미루거나 안 해서 문제인 것이다.

세상에는 두 종류의 사람이 존재한다. 원래부터 공부의 지루함을 잘 참는 사람과 지루한 것은 무엇이든 못 참는 사람이다. 전자에 속하는 유형은 책상 앞에 오래 앉아 있는 것에 능숙하다. 공부하기 싫은 마음을 잘 이겨내고 버티는 것이 특기다. 그래서 대체로 공부를 잘하는 사람들이 이에 속한다. 반대로, 후자에 속하는 유형은 한곳에 오래 앉아 있는 것을 힘들어한다. 오랜 시간 계속 책에만 집중하여 공부한다는 것이 쉽지 않다. 그러다 보니, 점점 책상에서 멀어지게 되고 공부 자체를 미룬다. 이런 사람들은 대개 의지력도 약한 편이다. 결국, 시험 직전에 벼락치기로 근근이 성적을 유지하기 일쑤다.

사실상 대다수가 후자에 속한다. 지루함을 잘 참는 사람들은 전체 인구의 10퍼센트도 되지 않을 것이다. 그럼에도 모두가 '잘 참고 버티는 사람들'이 말한 방식대로 공부한다. 그 집단에 공부 잘하는 사람도 많다 보니 그 방식을 따르면 자신도 성공하리라 생각하는 것이다. 하지만 그들은 애초부터 '나'와 다른 부류다. 이처럼 자신에게 맞지 않는 방법으로 공부를 하니 계속 실패하는 것이다.

나 역시 후자에 속한다. 가만히 한자리에 오래 앉아 있는 것을 극도로 싫어한다. 공부를 잘하기 위한 좋은 조건을 타고나지는 않았지만, 공부는 잘하고 싶었다. 그래서 최대한 지루함을 없애면서 공부가 가능한 방법들을 꾸준히 고민하고 개발해왔다. 주변 사람들은 당연히 나도 전자에 속한다고 생각한다. 하지만 나는 지루한 것, 반복하는 것을 절대 오래 견디지 못한다. 지루한 것을 지루하지 않게 바꿔가는 방법들을 하나하나 터득해왔을 뿐이다.

서울대학교 졸업 후 7년간 금융권에서 직장생활을 했다. 7년 차가 되면서 회사를 그만두고 다시 한의대에 입학하겠노라 결심했다. 그로부터 1년간 직장생활과 대입 준비를 병행했다. 안 그래도 지루한 것을 참기 힘들어하는 성격이었으므로 퇴근 후에 하는 공부란 여간 힘든 일이 아니었다. 하루 내내 공부만 하는 것보다 더 고되고 괴로웠다. 하지만 그만큼 하기 싫은 마음을 제어하는 방법들도 더 정교해지기 시작했다. 지루함을 못 참는 사람들에게 어울리는 공부법은 따로 있었던 것이다.

　원래부터 공부의 지루함을 잘 참고 견디는 사람들은 굳이 이 책을 보지 않아도 된다. 또한, '자신만의 꿈을 찾아 이를 이루기 위해 공부에 전념하라' 같은 말에 끌리는 사람도 이 책을 덮어도 좋다. 이런 말은 누구나 할 수 있다. 하지만 누구나 실천할 수 있는 것은 아니다. 이런 진부한 말에 더 이상 자극받지 않는 사람들은 이 책을 꼭 보아야 한다.

　앞으로 이야기할 내용은 일반적 통념에서 벗어나는 부분도 많다. 기존의 모든 고정관념에서 벗어나 순수하게 '어떻게 하면 지루하지 않게 공부를 이어나갈 수 있을까?'에만 집중했다. 평생 공부해야 할 시간을 염두에 둘 때 공부의 괴로움을 줄일 수 있다면 삶은 훨씬 더 여유롭고 행복해질 것이다. 이제 자신을 한순간에 소진해버리는 공부가 아닌, 지속 가능한 공부의 길로 들어가보자.

권혁진

Prologue
지루하지 않게 공부하는 법은 있다 _ 6

Chapter 1
우리가 공부를 싫어했던 진짜 이유

Chapter 2
내 공부 계획이 지금까지 실패했던 이유

Chapter 3
공부에 대한 부정적인 감정 버리기

Chapter 4
내가 공부한다는 사실을 뇌가 모르게 하라

Chapter 5
최대한 노력 없이 거저 공부하라

Chapter 6
놀다 보면 저절로 기억되는 암기법

Chapter 7
내 성격에 맞는 공부 자극법 찾기

Epilogue
공부가 좋아지면 얻을 수 있는 것들 _ 246

부록
나만 몰랐던 잘못된 공부 습관 개선법

Chapter 1
우리가
공부를
싫어했던
진짜
이유

공부란
참고 버텨야 하는 것?

"하루에 몇 시간을 자면서 공부해야 준비 중인 시험에 합격할 수 있을까요?"

열심히 공부하려면 잠을 줄여야 한다고 생각하는 사람이 아직도 많다. 내가 10대였던 20년 전만 해도 '사당오락(四當五落)'이라는 말이 유행했다. 하루에 네 시간을 자면서 공부하면 대학에 합격하고 다섯 시간을 자면 떨어진다는 것이다. SKY 대학에 합격하기 위해서는 잠을 참아내면서 고통스럽게 공부해야 한다는 것을 상징적으로 보여주는 말이었다. 당시 어린 나였지만 모두가 진리처럼 따르는 그 말에 심한 거부감이 들었다. 무엇보다 깨어 있는 시간을 어떻게 보내는지에 대한 고민 없이 잠만 줄이면 붙는다는 말 자체가 가당치 않게 들렸다. 또, 그렇게까지 힘들게 버텨야만 원하는 대학에 갈 수 있다면 차라리 포기하고 안 가는 게 낫겠다고 생각했다. 인생에 아무리 중요한 일이라도 내 몸을 고문하고 혹사하면서까지 이뤄낼 것은 없다고 믿었다.

결국, 가장 열심히 공부했던 고3 시절에도 하루 평균 여섯 시간씩은 잠을 잤다. 지금까지 살면서 여섯 시간 이하로 잠을 잤던 시기는 거의 없었고 보통 일곱 시간 이상씩은 잤다. 하지만 잠을 자는 시간이 길다고, 목표를 이루지 못한 적은 단 한 번도 없었다. 내가 특별해서 그런 것이 아니다. 누구나 몸을 혹사하지 않아도 원하는 것들을 이뤄낼 수 있다. 진정 중요한 비결은 잠이 아니라 다른 데 있는 것이다.

무조건 양으로 승부하는 시대는 끝났다. 양보다는 질, 즉 집중과 효율을 강조하는 시대다. 이러한 변화에도 여전히 공부라고 하면 어딘지 모르게 불편하고 하기 싫은 대상으로 여기는 것은 그때나 지금이나 마찬가지다. 우리가 공부를 대하는 태도에는 변화가 없는 것이다. 정작 중요한 것은, 공부하기 싫지만 어쩔 수 없이 해야 한다는 관점에 변화가 필요하다는 점이다. 지금까지와 다른 시각에서 접근한다면 얼마든지 지루하지 않게, 억지로 참지 않으면서 공부할 수 있다. 단지 우리 사회와 주변 사람들의 인식과 강요가 이를 가로막았을 뿐이다.

누구나 주변에 마음에 들지 않거나 싫어하는 사람이 한두 명쯤은 있을 것이다. 처음에는 그의 특정한 말이나 행동 때문에 그를 싫어하게 되었을 수 있다. 하지만 나중에는 그가 하는 행동은 뭐든지 다 마음에 들지 않는 단계로까지 나아간다. 공부도 마찬가지다. 처음에 싫어하게 된 이유가 무엇이든지 간에 나중에는 공부 생각만 해도 하기 싫고 미루고 싶은 것이 돼버리고 만다. 한 번 이런 인식이 각인되면 공부해야 할 때마다 언제나 괴로운 감정을 끌어안은 채 인내해야 하는 것이 된다.

공부에 대한 부정적인 감정에서 벗어나라

우리는 인생을 살아가면서 거의 평생에 걸쳐 공부해야 한다. 대입이 끝나도 대학 학점을 위해, 자격증 획득을 위해, 고시나 공무원 시험 등을 위해 공부해야 한다. 저것들을 치르고 나면 승진 시험이나 은퇴 후 제2의 직업을 위한 새 자격증 취득을 위해 수십 년 지속해야 할 것이 공부다. 미래 시대에는 최소 두 개 이상의 직업을 가져야 할 것이라는 말도 들린다. 그럼에도 하기 싫은 마음을 갖고 억지로 공부하며 평생을 살아가야 한다면, 이 또한 얼마나 괴롭고 불행한 일인가?

우선, 기존에 가지고 있던 공부에 대한 부정적인 감정들을 버리는 연습부터 시작하자. 공부하고 있어도 괴롭지 않으며 공부해야 하는 상황을 떠올려도 한숨부터 나오지 않게 하는 것이 첫 번째 목표다. 이 단계에 성공적으로 도달하면 공부를 싫어하는 마음이 사라지고 공부를 미루는 습관을 없앨 수 있다.

여기서 더 나아가면 공부를 하면서도 공부하고 있지 않은 듯한 감정을 갖게 된다. 즉, 지금 하는 것이 공부가 아니라고 뇌가 착각하게 만들면 자연스레 괴로움이 사라진다. 이를 넘어 마지막에는 궁극적으로 공부하는 과정 자체를 즐기는 단계로까지 나아갈 수 있을 것이다.

공부에 대한 관점 전환하기 3단계

1단계	공부에 대한 부정적인 감정·기억 버리기
2단계	공부하면서도 하지 않는다고 뇌를 속이기
3단계	공부하는 과정 자체를 즐기기

그 첫 단계를 달성하기 위해 공부에 대한 기존의 안 좋은 감정들을 버리자. 평소 싫어하던 사람을 갑자기 싫어하지 말라 한다고 바로 변화되는 것은 아니듯, 인식에도 변화의 과정이 필요하다. 물론 그리 어렵지 않다. 이제부터 그 구체적인 방법들에 대해 차근차근 풀어가겠다.

세상에 좋은 공부법은 많지만

다 하고 싶지 않다

요즘 이른바 좋은 공부법이 넘쳐나고 있다. 각종 공부법 관련 서적부터 시작하여 인터넷 검색만으로도 수능 만점자나 고시 합격자의 공부법 등을 쉽게 찾아볼 수 있다. 유튜브를 활용하면 갖가지 공부법을 영상으로 직접 접할 수 있다.

그런데 정보가 없는 것도 문제지만 너무 많은 것도 문제가 된다. 사람마다 주장하는 말이 다 달라서 누구의 말을 따라야 할지 혼란스러울 수 있다. 하지만 더 큰 문제가 있다. 그것은 바로 하기 싫다는 마음이다. 아무리 좋은 공부법을 접하더라도 내가 실천할 마음이 생기지 않는다면 아무 소용이 없다. 혹은 그 공부법을 읽는 순간에만 의지가 생겼다가 하루만 지나도 사라져버리고 만다. 대개 공부법에는 굳은 의지와 끈기, 인내심이 그 비법인 경우가 많다. 하지만 잠깐 의지가 불타오르다가 금방 꺼지는 의지박약한 사람들은 순간적으로 감명을 받았다가도 다시 원래의 게으른 모습으로 돌아간다. 즉, 의지와 인내심이 있었다면 그들의 공부법을 따르지 않더라도 어차피 공부를 잘할 수밖에 없었다는 것이다.

TV 프로그램 〈생활의 달인〉은 침샘을 자극하는 맛집을 많이 소개한다. 이 방송에서 레시피가 공개되면 '나도 한번 만들어볼까' 하는 욕구가 샘솟는다. 하지만 레시피 내용을 들여다보고 나면 바로 생각을 접을 수밖에 없다. 육수를 만들기 위해 구하기 힘든 온갖 약재와 비법 재료들을 넣고 48시간을 끓이는 것이 단지 준비 과정이다. 무를 하루 동안 절였다가 하루 더 숙성시켜서 사용해야 한다. 이런 긴 준비 시간을 거쳐 이제 겨우 요리가 시작되는 것을 보자면, 그냥 사서 먹는 게 낫겠다며 포기해버린다.

공부법도 마찬가지다. 아무리 좋은 공부법도 내가 소화할 수 없다면 말짱 꽝이다. 게다가 대개 공부를 잘하는 사람들은 의지력 자체가 보통 사람들과 다르다. 그래서 그들의 공부법 내용이 너무 많고 어려워서 따라 할 엄두가 안 나는 경우도 많다. 가끔은 그대로 따라 해보지만, 며칠 안 가서 결국 포기하고 만다.

또한 기존 공부법들은 모든 사람이 같다는 것을 전제로 설명을 하고 있다. 하지만 사람마다 집중할 수 있는 시간이 다르고 적절한 수면 시간 또한 다르다. 좋아하는 과목이 다르고 좋아하는 공부 환경 역시 다르다. 이런 차이를 무시하고 모두에게 똑같은 처방을 내린다면 이를 끝까지 따라갈 사람이 과연 몇이나 될까?

기존 공부법이 통하지 않는 이들을 위한 방법

여기서 말하고자 하는 공부 방법은 기존 공부법을 잘 따르는 사람들에게는 굳이 필요하지 않은 내용이다. 기존의 의지와 노력, 동기부여를 강조하는 공부법을 따라갈 수 있다면 이 책을 덮고 기존의 방법을 따르기를 추천한다. 그 방법이 오히려 정석에 가까울 수 있으니까 말이다. 하지만 자신이 남들보다 의지력도 약하고 자꾸 중도에 포기한다면 이 방법을 따르기를 추천한다. 공부하는 것 자체가 지루하고 견디기 힘들어서 좀 더 편히 가는 길을 찾고 싶다면 이 방법이 가장 적합할 것이다.

기존 공부법들은 당신이 공부를 위해 참아낼 의지를 갖고 있다는 전제에서 출발한다면, 이 책은 공부 자체를 하고 싶지 않다는 전제에서 출발한다. 공부를 위해 억지로 하게 한다든지 무엇인가 강요하는 일도 없을 것이다. 어느 방법이 더 적합한가는 전적으로 당신이 어떠한 사람인가에 달렸다. 자기 스스로 돌아본 후에 자신에게 맞는 최적의 방법을 선택하기 바란다.

기존 공부법과 이 책의 새로운 공부법 비교

구분	기존 공부법	이 책의 새로운 공부법
강조 내용	- 개인의 의지, 노력 - 꿈과 목표 설정을 통한 동기부여	- 공부의 지루함 없애기 - 공부를 즐기는 방법
해당 유형	- 지루한 것을 잘 참는 사람 - 묵묵히 잘 버티는 사람	- 지루한 것을 못 참고 미루는 사람 - 남들과 다른 것을 추구하는 사람

꿈을 가지라고 하면
갑자기 생기나?

내 학창 시절 당시에는 학교 선생님들의 체벌이 흔했다. 때리거나 벌주는 방식으로 모든 학생에게 공부할 것을 강요했다. 이는 사실 큰 부작용을 낳는다. 이러한 방식으로 공부해온 기성세대는 대개 공부에 대해 잘못된 인식을 갖게 마련이다. 공부란 어쩔 수 없이 억압적이고 괴로운 상황에서만 가능하다고 생각하는 것이다. 그래서 학교를 졸업한 후에는 공부와 관련된 것이 아니라도 책 자체를 한 번도 펴보지 않는 사람도 많다. 책이라는 것 자체에 부정적인 인식이 생겨버렸으니까.

요즘 학교 현장에서는 체벌이 거의 사라졌다. 극도로 폭력적인 교육방식은 사라진 셈이다. 이를 대신해 새로이 강조되는 것이 동기부여를 통한 학습이다. 꿈을 이룬 자신의 미래 모습을 상상하면서 목표 달성을 위해 열심히 노력하라는 것이다. 하지만 우리나라의 현실 여건상 스스로 꿈을 찾는다는 것은 거의 불가능하다. 꿈은 가지라고 해서 바로 생겨나는 것이 아니니까.

내가 스무 살 때, 열심히 공부해서 서울대에 입학한 많은 학생의 다음 목표는 연애였다. 서울대생들의 특성상 연애를 하는 것에도 특정한 방법이나 공식이 있지 않을까 생각하는 사람도 적지 않았다. 그래서 온라인 커뮤니티에는 어떻게 하면 이성을 사귈 수 있는지를 묻는 이도 많았다. 하지만 연애란 교과서처럼 정해진 공식이 있는 게 아니다.

예컨대 여자 친구를 만들고 싶은 한 학생이 밤마다 여자 친구가 생겼으면 좋겠다고 간절히 기도한다고 해보자. 어떻게 하면 여자 친구가 생길까 매일 고민하면서 그 생각만 계속 반복한다고 여자 친구가 생기겠는가? 절대 그렇지 않다.

그렇다면 어떻게 해야 여자 친구를 사귈 수 있을까? 우선 사람들을 만날 기회를 자주 만들어야 한다. 자기가 좋아하는 취미 동아리에서 활동하거나 이성들을 만날 수 있는 모임에 참석하는 것이다. 여자 친구를 만들겠다는 목적만 갖고 있는 경우보다 실제적으로 다양한 활동을 하는 경우가 여자 친구를 사귈 확률이 높다.

꿈이 없는 게 오히려 자연스러운 것

꿈도 같은 맥락이다. 다양한 것을 접할 기회를 늘리고 경험을 쌓아가는 과정에서 자연스럽게 생기는 것이 꿈이다. 방구석에서 혼자 머릿속으로 만들어내는 것은 진짜 꿈이 아니라 허상이다. 그 허상의 꿈을 만들고 이루기 위해 따라가다 보면 결국 진짜 현실을 마주하였을 때 충격을 받게 된다. 자신이 지금까지 생각해왔던 것과는 다르다는 점에서 실망할 수밖에 없다.

결국, 꿈을 만들고 그 꿈을 위해 동기부여를 하고 열심히 노력하라는 것은 주로 집과 학교만을 오가는 10대 청소년들에게는 매우 가혹한 요구이다. 물론, 20대 이상의 더 많은 인생 경험을 한 사람이라면 가능할 수 있다. 하지만 10대 청소년에게는 동기부여라고 포장했지만 꿈을 만들라는 더 큰 차원의 강요를 하는 셈이다.

꿈이 생기지 않는 것은 당신의 잘못이 아니다. 이 사회의 구조가 그렇게 만든 것이다. 실질적으로 우리나라의 교육 환경에서는 꿈이 없는 것이 정상이다. 진정한 꿈이나 목표가 없으니 방황하는 것은 당연하다. 특정 대학 입학이 목표라고 말하는 것은 사실상 모든 이가 부러워하는 명문대 타이틀을 꿈꾸기 때문이다. 나 역시 10대에는 그러했다. 공무원이나 회계사가 되고 싶은 것도 그러한 타이틀을 꿈꾸기 때문이다. 물론 누군가에게는 이 또한 좋은 자극제일 수 있다. 그런 자극제라도 갖는다면 동기부여가 될 테니까 공부하는 데 훨씬 큰 도움이 될 것이다.

하지만 그것조차 없다면? 공부하기 싫을 수밖에 없다. 왜 해야 하는지 스스로 이유조차 찾을 수 없는 행위를 이어나가는 것은 당연히 괴롭다.

'나는 이도 저도 없고 그냥저냥 살고 있지만 어쨌든 뭐라도 되고는 싶으니 공부는 해야 할 것 같다.'

이렇게 생각하는 사람이 사실상 대다수다. 이런 사람들에게 꿈을 통한 동기부여는 통하지 않는다.

　가짜 꿈을 통한 동기부여가 아니더라도 공부와 친해지는 방법은 분명 존재한다. 다만 다들 모르고 있거나 깊이 생각해보지 않았을 뿐이다. 그러니 꿈이 없다고 초조하게 생각하지 마라. 꿈이 없어도 얼마든지 공부를 잘해나갈 수 있도록 이 책이 바로 옆에서 도와줄 것이다.

서울대생조차
공부를 좋아한 적은 없다

　요즘은 조금 이미지가 바뀌었는지 모르겠으나 서울대생 하면 떠오르는 이미지는 공부벌레에 가깝다. 그들에게는 공부가 재미있고, 공부가 곧 취미일 것 같다. 하지만 실제 서울대를 다니며 느꼈던 것은 그들 역시 일반 학생들과 별 차이가 없다는 것이다. 게다가 재미있게도 어느 집단이든 간에 그 안에서 수업 태도나 성적을 기준으로 분류하면 상위, 중간, 하위 집단이 다시 생긴다. 많은 학생이 전교 1등을 해왔거나 고등학교 성적이 매우 우수했기 때문에 공부 욕심이 많으리라 생각하지만 입학하고 난 후의 모습은 꼭 그렇지는 않다. 여전히 뭐든지 열심히 하는 소수의 상위 집단이 있다면 대개는 중간 집단에 속하며, 그 안에서도 공부를 거의 하지 않는 하위 집단이 다시 생성된다.

　여기서 중요한 점은 이처럼 서울대생들조차 공부를 좋아하지 않는다는 것이다. 소수의 상위 집단 중에는 공부를 진정으로 좋아하는 사람들이 있을 수 있다. 하지만 이는 전체 비율로 보자면 서울대 내에서도 5~10퍼센트 이내의 극소수일 뿐이다. 대다수 학생은 공부를 딱히 좋아하지 않지만 참고 해왔다는 것이다. 결국, 공부를 잘하든 못하든 같다는 것이다. 다만 누가 더 참을성이 있는가에 따라 나뉘었을 뿐 근본적인 차이는 존재하지 않는다.

내 경우도 대학 입학 후 첫해에는 거의 공부를 하지 않았다. 아마 고등학생 때까지 공부만 한 것에 대한 반발이었겠다. 대학교 1학년 때는 공부도 거의 하지 않았고 학점도 낮은 편이었다. 대학 입학 후부터 내내 공부를 하지 않는 사람도 있었다. 반발심이라기보다는 공부에 질렸다는 표현이 적합할 수도 있다. 결국, 당장 대학 입학이라는 목표를 달성했지만 새로운 목표를 세우지 못하고 공부라는 것을 극도로 기피하게 된 셈이다.

이처럼 공부를 원래부터 좋아하는 사람은 세상에 거의 없다. 그러니 공부를 싫어하는 자기 자신을 놓고 이상하다 자학할 필요는 없다. 내 잘못은 하나도 없다. 원래 나이가 어릴수록 가만히 한자리에 앉아서 무엇을 하는 것은 괴로운 법이다. 건강한 사람일수록 더 그렇다. 무엇인가 하고 싶은 욕구가 샘솟는다는 건 살아 있다는 뜻이다. 재미있는 것 혹은 하고 싶은 것이 많다는 건 잘못된 게 아니다. 오히려 공부가 즐겁다는 사람들이 거짓말을 하고 있거나 이상한 것이다.

공부를 잘하는 것보다 훨씬 중요한 것

'지금 참고 견뎌서 좋은 대학에 입학하면 끝!'이라는 생각은 인생이라는 긴 여정을 놓고 볼 때 섣부른 판단이다. 더 중요한 것은 '이후 어떻게 내 미래를 만들어갈 것인가?'이다. 그러니 공부 자체에 적어도 증오심을 느낄 정도로까지 부정적이어서는 안 된다. 결국, 어떤 진로를 선택하든지 간에 무언가를 공부해야 할 가능성이 크다. 육체노동을 하는 직업이라도 종이로 된 텍스트를 바탕으로 이론을 학습해야 할 가능성이 크다. 우리 삶의 일 대부분은 이론을 바탕으로 실전에 임해야 하기 때문이다.

공부를 잘하는 것보다는 친숙하게 느끼고 좋아하는 감정을 갖는 것이 장기적으로는 인생에서 더 중요하다. 이를 위해서는 당장 꼭 잘해야 한다고 생각하는 것부터가 부담이 될 수 있다. 공부를 억지로 잘해야 할 필요는 없다. 공부 잘한다고 무조건 성공하는 것도 아니다. 하지만 공부를 싫어하지 않게 되면 잘하는 게 저절로 따라올 것이다. 단순히 잘하는 것이 아니라 흥미와 관심을 가지고 잘하게 될 거라는 점에서 의미가 크다. 이는 삶 자체에 대한 행복감을 높여줄 것이다. 결국, 무엇보다 공부에 대한 관점의 전환이 우선시되어야 한다. 좀 더 편안한 마음으로 공부라는 것을 가볍게 생각해보자.

공부 잘하는 친구의 말을
다 믿어서는 안 되는 이유

공부에 관해 대부분의 사람이 똑같이 하는 질문이 하나 있다. 평소에 솔직하던 사람조차 신기하게도 이 질문에 대해서는 거짓말을 한다. 시험 당일, 공부 많이 했냐는 질문에 '어제 깜빡 잠들어서 많이 못 했어'라는 대답이다. 아예 못했다는 사람도 있고, 시험 범위를 한 번밖에 못 봤다는 사람도 있다. 대답은 조금씩 달라도 결론적으로 거의 못 했다는 의미는 같다.

물론, 실제로 공부를 안 해서 이렇게 대답하는 것일 수 있다. 나중에 시험 결과로 바로 나타난다. 하지만 내 주변의 공부 잘하는 사람 대부분도 이런 식의 거짓말을 하곤 했다. 어쩌면 이런 대답을 하는 사람의 비율은 공부 잘하는 사람 쪽이 더 높을지도 모른다.

우선, 그것이 거짓말이라는 근거는 무엇일까? 사실, 그들 말대로 한 번 읽기밖에 못 했다면 그렇게 높은 점수를 받기 어렵다. 그런데도 한 번 봤단다. 실제로 한 번 읽고 잘 볼 수도 있지 않냐고? 그 사람이 머리가 좋아서 그럴 수 있지 않냐고? 이 부분이 바로 거짓말하는 사람들이 노리는 부분이다. 자신의 머리가 나쁘지 않다고 느껴지기를 원하는 것이다. 그 정도가 아니더라도 어쨌든 자신의 노력보다 더 좋은 점수를 받았음을 알리고 싶은 것이다.

나는 그 말들을 홀딱 믿었다. 그래서 친구들 머리가 꽤 좋다고 생각해 부러워하기도 했다. 하지만 그 거짓말이 탄로 난 경우를 몇 번이나 겪으면서 더 이상 이런 종류의 거짓말을 믿지 않는다. 모두에게 똑같이 두 시간을 주고 처음 보는 내용을 공부하게 해 시험을 치른 일이 있었다. 시험 범위를 한 번만 읽고도 잘 보는 사람이라면 이런 시험에서도 좋은 점수가 나와야 한다. 이런 시험이야말로 그들에게 가장 유리한 시험 아닌가? 하지만 그들의 결과는 언제나 형편없었다.

당신의 친구는 사실 그렇게 똑똑하지 않다

누구나 거짓말을 하며 산다. 자신도 모르게 하루에 수차례씩 선의의 거짓말을 하고 있을지도 모른다. 그렇다면 공부한 것에 관하여 거짓말하는 게 과연 뭐가 문제일까? 누군가에게 피해를 주는 것이 없다면 상관없는 거 아닌가? 그런데 안타깝게도 피해를 보는 사람이 생긴다.

주로 피해 보는 쪽은 공부를 잘하지 못하는 사람들이다. 공부 잘하는 사람들은 대개 이런 말에 상관없이 할 만큼 공부를 한다. 자기

페이스를 유지하는 것이다. 하지만 공부를 못하는 사람들은 섣부르게 '한 번만 읽어도 운이 좋으면 잘 볼 수 있지 않을까'라는 환상을 갖게 된다. 그래서 공부를 적게 하고도 요행을 바란다. 이것도 큰 문제는 아니다. 어찌 되었든 공부는 했으니까.

더 큰 문제는, 자기가 공부 체질이 아닌가 보다 혹은 자기가 멍청한가 보다고 생각하게 만드는 것이다. 공부를 별로 안 했는데도 우수한 성적을 받았다는 친구의 말에 그와 나 자신을 비교하기 시작한다.

'나는 그 정도만 노력해서는 그렇게 좋은 결과를 내기 어려운데…… 역시 공부는 내 길이 아닌가……'

하지만 단언컨대 당신의 친구는 그렇게 똑똑하지 않다. 공부를 별로 안 했다고 말하는 사람일수록 자신의 실력에 대한 불안감이 높다. 그러니 그의 말에 전혀 신경 쓸 필요 없다. 나만 외우자마자 잊어버리는 것 같다며 자괴감에 빠지지 않아도 된다. 거듭 반복해서 공부하는 것은 당연하다. 아무리 똑똑한 사람도 자꾸 잊어버리기에 계속 반복해서 공부한다. 내가 봐온 상위 1퍼센트 이내의 수많은 사람도 그랬다. 그러니 자신의 머리에 대한 의심은 거두어라. 당신은 얼마든지 공부를 잘할 수 있다. 순식간에 최상위권으로 올라갈 무한한 가능성을 지니고 있다.

나를 괴롭히는 진짜 범인은
공부가 아니다

어린 시절, 대부분 한글이나 숫자를 부모님의 도움으로 배운다. 나 역시 그랬다. 그만큼 교육이라는 영역에서 부모의 역할은 지대하다. 그러다 보니, 놀지만 말고 공부하라는 잔소리를 하는 것도 부모의 역할이다. 그런데 부모님의 수많은 잔소리 중 가장 효과 없고 의미 없는 것이 바로 '공부해!'이다.

이상하게도 '공부하라'는 잔소리를 들을수록 하기 싫다. 공부를 막 하려다가도 "공부해!" 하는 소리를 듣는 순간 하기 싫어진다. 그런데 이러한 사실을 알면서도 습관적으로 잔소리하는 부모가 많다. 부모는 분명 자녀 양육에는 전문가일 수 있으나 공부 전문가는 아니다. 자식이 어떻게 해야 공부하고 싶은 마음이 드는지, 자발적으로 공부하게 만들 수 있는지에 대한 고민은 많이 부족하다.

그래도 부모의 역할을 해야 한다는 의무감에서 하는 말이 놀지 말고 공부하라는 것이다. 이 한마디를 내뱉고 나면, 자신의 역할을 충실히 수행하고 있다는 안도감이 든다. 하지만 이는 근본적인 해결책이 되기는커녕 오히려 역효과만 부른다. 혹 지금 부모님이 옆에 계시면 이 책을 보여드려라. 습관적으로 공부하라는 잔소리는 지금 당장 중단해야 한다.

공부에 대한 우리의 왜곡된 관념은 대개 부모님이나 학교 선생님으로부터 비롯된다. 어린 시절 부모님이나 선생님의 강요에 반발심을 가장 잘 드러내는 것이 공부 안 하는 거였다. 그래서 부모님이나 선생님이 그렇게 중요시하는 공부를 싫어하기에 이르는 것이다.

엄밀히 따지자면 부모님이나 선생님도 직접적인 가해자가 아니다. 게임에서 말하는 최종 보스가 아니라는 것! 그들은 단지 이 사회가 만들어놓은 구조와 체제의 꼭두각시가 되어 자신들의 역할을 하고 있을 뿐이다. 결국은 그들도 우리나라 교육 제도에 영향을 받았다. 그렇다면 이는 교육 제도, 즉 시스템의 문제 아니겠는가? 하루에 열 시간 이상씩 수년간을 모두 똑같이 교실에 앉아 서로 경쟁하며 공부하게 만들다니! 아무리 공부를 좋아하던 사람조차 질려버리게 만드는 것이 우리나라 교육 시스템이다. 이러한 환경에서 버텨내 공부를 잘하는 사람들이 오히려 정신적으로 이상한 거 아닌가 싶기도 하다.

나의 부모님은 신기하게도 내게 공부하라고 말씀하신 적이 없다. 아마 평생을 통틀어 한두 번 정도 들었던 것 같다. 나는 억압받거나 강요받는 것을 극도로 싫어한다. 일반 청소년들처럼 반항심이 많았다. 만약 부모님이 조금이라도 더 공부를 강요했다면 나 역시 공부를 멀리하고, 엇나갔을지도 모른다. 이처럼 운 좋게 부모님이 강요하지 않는 상황을 제외하고, 우리가 놓인 환경은 사방에서 공부에 대한 압박을 가하는 구조다. 정상적인 사람이라면 숨이 막혀 죽을 지경이다.

공부는 사실 가여운 존재다

여기서 꼭 알아야 할 것이 있다. 공부 자체는 잘못이 없다. 시스템이 문제이고 시스템의 노예가 된 기성세대가 문제일 뿐이다. 공부 자체는 나쁜 것도, 그렇게 지루한 것도 아니다. 그저 우리가 공부를 위해 지루한 방식을 선택했기에 이렇게 변질된 것이다.

동물원에서 호랑이가 사육사를 물어 죽이는 일이 가끔 일어난다. 안전장치의 관리에 소홀했거나 관리자의 부주의에 의한 경우가 많다. 이때, 살인을 저지른 호랑이를 탓할 것인가? 호랑이는 맹수의 본능에 따랐을 뿐이다. 이처럼 정작 잘못이 없는 이에게 죄를 뒤집어 씌울 수는 없는 일 아닌가?

공부도 마찬가지다. 이제 기존의 모든 관념과 통념에서 벗어나 공부 그 자체를 새롭게 바라보자. 남들이 주입해준 공부에 대한 관념은 가짜다. 우리나라 교육 시스템 때문에 어쩔 수 없이 싫어할 수밖에 없었던 공부를 가련하게 생각해주기를 바란다. 그리고 다시 한 번 바라봐주기를 바란다. 우리가 욕하고 싫어할 대상은 공부가 아니다.

당신이 이제
성공할 수밖에 없는 이유

이 책을 펼쳐서 여기까지 읽은 사람은 성공할 가능성이 매우 크다. 왜냐하면 진짜 공부를 하기 싫어하는 사람들은 이런 종류의 책을 여기까지 읽는 것조차 힘들어하기 때문이다. 이 책을 펴본다는 것 자체가 아예 포기할 사람은 아니라는 뜻이다. 대개 공부를 싫어하는 사람 중에는 책 자체를 싫어하는 이가 많다.

그들은 언제부터 책을 싫어하게 되었을까? 어렸을 때는 분명 그림책이나 동화책 보는 것을 좋아했을 거다. 하지만 지금은 왜 책을 멀리하게 되었을까? 역시 책에 대한 부정적 기억이나 감정이 형성되었기 때문이다. 자기가 관심 있는 분야라면 재미있게 읽을 만한 책이 많다. 하지만 항상 강요에 의해, 책을 읽어야만 한다고 배워왔기 때문에 책 자체를 거부하게 된 것이다. 하지만 당신은 적어도 그렇게까지 책에 부정적이지는 않다는 점에서 희망적이다.

당신은 적어도 무엇인가 자신의 변화를 바라고 있다. 그렇기에 이 책을 펼친 것이다. 이 책은 그 변화를 이끌 강력한 힘을 갖고 있다. 아무리 방법이 좋더라도 변화 자체를 거부하고 자기 생각만을 고집한다면 변화는 불가능하다. 방어적 태도는 모든 것을 부정적 관점에서 바라보게 만들 수 있다.

기존의 나와는 다른 사람이 되기를 바라는가? 그렇다면 새로운 걸 받아들이는 개방적 태도를 꼭 가져라.

사실 당신은 이미 잘하고 있다. 스스로 그렇게 자부심을 갖기를 바란다. 여기까지 왔다는 것만으로 성공할 가능성은 매우 커졌다. 이제 자기 자신을 믿고 지금처럼 나아가기만 하면 된다.

의지가 약한 사람도 쉽게 시작할 수 있다

나는 자기계발서나 공부법에 관한 책을 거의 읽어본 적이 없다. 그런 종류의 서적이 다 비슷한 이야기를 한다고 생각했기 때문이다. 어떤 책들은 당연한 말들을 늘어놓거나 실천하기 어려운 방법을 소개한다. 혹은 구체적인 실천 방법이 부족하여 진정으로 변화할 계기를 만들어주지 못한다. 공부법 책인데 그 실천이 어렵다면 누가 변화할 수 있겠는가? 혼자만으로는 의지가 부족해서 책을 읽기 시작했는데, 강한 의지를 지녀야 한다고만 말하면 어쩌라는 걸까? 몰라서 못 하는 것이 아니다. 책 내용은 틀린 것이 전혀 없겠지만 책으로 변화된 삶을 살아갈 사람 역시 거의 없을 수밖에 없다.

기존에는 없었던, 누구나 쉽게 따라 할 방법을 알려주고 싶었다.

의지가 부족해 매번 포기하던 사람도 변화할 수 있는 길을 열어주고 싶었다. 진심을 담아 변화의 에너지를 전달하고 싶었다. 이러한 나의 의지가 글을 통해 충분히 전달되기를 바란다.

　지금 이 글을 읽고 있는 당신은 충분히 성공할 자격이 있다. 지금까지 어떠한 삶을 살아왔고 그동안 공부에 대해 어떠한 태도를 지녔는가는 중요하지 않다. 중요한 것은 지금이다. 열린 마음으로 다시 시작한다면 스스로 자신을 낯설게 여길 만큼 완전히 새로운 변화를 경험하게 될 것이다.

Chapter 2
내
공부
계획이
지금까지
실패했던 이유

나 자신을 잘 아는 것이
중요하다

지금까지 여러 공부법을 따라 해보았으나 매번 원래의 습관대로 돌아온 경험이 있는가? 전교 1등, 수능 만점자의 공부법대로 해보려 했지만 실패한 경험이 있는가? 그렇다면 이는 단순히 공부법의 문제가 아닐 수 있다. 나 자신이 어떠한 사람인지 잘 모르고 무작정 따라 하다 보니 실패했을 가능성이 크다.

Chapter2의 내용을 건너뛰고 본격적으로 공부법에 관해 이야기하는 Chapter 3부터 읽으려는 사람도 있을 것이다. 하지만 국가대표 축구팀도 패배한 경기에 대해 잘 분석해야 다음에 이길 수 있는 법. 마찬가지로 자기 자신의 성격이나 습관에 대해 깊이 고민하지 않고 뒷부분에 나오는 기술적 요령들만 익힌다면 결국 공부를 싫어하던 과거의 자신으로 돌아갈 확률이 높다.

공부를 잘하는 것과 나 자신을 아는 것이 무슨 관련이 있느냐고?

공부에 대한 관점이나 공부 습관은 그 사람의 평소 성격과도 떼려야 뗄 수 없는 관계이다. 예를 들어보자.

고등학생들에게 논술을 지도하면서 매주 글쓰기 과제를 내준다. 보통 정해진 날짜와 시간까지 이메일로 과제를 제출하도록 한다. 그러면 과제 제출 마감 시간보다 매번 약간씩 늦게 제출하는 학생들이 꼭 있게 마련이다. 학생들 입장에서는 정해진 시간보다 30분이나 한 시간 정도 늦게 제출하는 것을 대수롭지 않게 여긴다. 어쨌든 자기가 조금 늦었어도 정해진 날짜에 과제를 잘해냈다고 생각한다.

하지만 과제 제출 시간을 자주 어긴다는 것은 본인의 평소 습관에 문제가 있다는 의미로, 이에 그 심각성이 있다. 매번 정해진 시간을 어기는 것은 공부 습관에도 그대로 나타나기 때문이다. 예컨대 중요한 시험 준비 시 시험 전날까지 정해진 공부량을 다 채우지 못할 확률이 높다. 항상 남들보다 조금 더 늦게 시작하고 늦게 끝내는 습관 때문에 제대로 공부를 다 끝내지 못하고 점수는 항상 실력보다 낮게 나올 수밖에 없다. '다음부터는 놀지 말고 공부를 더 빨리 시작해야지'라고 다짐하며, 이것은 내 진짜 실력이 아니라고 생각한다. 하지만 결국 다음 시험에서도 같은 패턴을 반복할 뿐이다.

제대로 끝까지 공부한 것과 약간 부족하게 공부한 것 사이에는 어마어마한 차이가 있다. 많은 사람이 잘 모르고 있는 부분이지만 간발의 차이가 큰 점수 차이를 만들어낸다. 예컨대 자신의 계획만큼 공부했을 때의 점수를 100점이라 한다면, 90퍼센트 정도 공부하고 시험을 봤을 때 90점은 받으리라 예상한다. 하지만 실제로는 70~80점밖에 받지 못한다. 왜 그럴까? 공부 범위 전체에 대해 정리하고 이해해야 만점에 가까운 점수가 나오기 때문이다. 즉, 90퍼센트를 공부한 사람은 전체를 훑어보면서 정리하는 시간을 갖지 못하는 만큼 놓치는 부분이 많을 수밖에 없다. 조금만 더 공부했다면 훨씬 높은 점수를 맞을 수 있었음에도 매번 시간에 쫓겨 아쉽게 끝내는 것이다.

중요한 것은 다른 누구도 아닌 나 자신이다

이럴 때는 솔직하게 자신의 습관을 인정하는 것에서부터 출발해야 한다. 내가 조금 게으른 편이라면 그것을 있는 그대로 받아들여야 한다. 게을러서 점수가 낮은 것도 내 실력이니까. 매번 조금씩 늦는 습관이 있다면 그것들이 결국 시험에도 영향을 줄 수밖에 없다. 이런 자신을 인정한 사람이라면 늦어진 이유와 변명을 찾을 시간에 다시는 늦지 않을 방법을 찾을 것이다. 그래야 새롭게 변화할 수 있다.

30분 이상 한자리에 앉아 집중하지 못한다면 그것도 받아들여야 한다. 그래야 집중력 약한 자신에게 최적의 공부법을 배울 수 있다. 쉽게 두세 시간씩 엉덩이를 붙이고 앉아 공부하는 사람들을 따라 한다고 공부가 되는 건 아니다. 어떤 과목은 이해도가 낮아서 남들보다 더 기초적인 부분부터 공부를 시작해야 한다면 그것도 인정해야 한다. 기초 도서부터 보는 것이 부끄럽다고 수준에 맞지 않는 책을 붙잡고 있으면 능률도 오르지 않고 공부는 점점 더 재미없어질 뿐이다.

중요한 것은 다른 사람이 아니라 나 자신이다. '보통 이 책으로 공부한다던데'가 아니라 자기 수준에 맞는 책을 택해야 한다. '보통 하루에 여섯 시간 잔다던데'가 아니라 자기가 느끼기에 충분히 좋은 컨디션을 유지할 수 있는 수면 시간을 택해야 한다. 공부하기에 좋은 환경이나 집중할 수 있는 시간도 마찬가지다. 자기 자신을 잘 아는 사람일수록 공부에서도 가장 효율적인 최고의 전략을 세울 수 있다.

앞으로 소개할 모든 내용은 하나의 정해진 방법이 아니라 개개인에게 최적화된 전략을 세울 수 있는 방향 제시다. 그렇기에 자기 자신을 제대로 파악하는 것이 무척 중요하다. 솔직하게 자기 자신과 마주할 때만 스스로도 몰랐던 엄청난 잠재력을 발휘할 수 있을 것이다.

자기 자신을 속이는 습관이 만드는
비극

　자신에 대한 '50문 50답' 같은 것을 해본 적 있는가? 자기 자신을 잘 파악하기란 생각보다 어렵다. 그런데 스스로 어떠한 사람인지를 남들에게 속이기는 쉽다. 사실상 자신에 대해 가장 잘 아는 사람은 자기 하나뿐이기 때문이다. '내가 말하는 것이 곧 나에 대한 사실'이 되는 것이다. 이는 때로 굉장히 위험한 무기로 이용되기도 한다.

　지금은 개인의 개성과 다양성을 존중하는 시대다. 나는 이러한 시대적 흐름을 옳다고 생각하지만, '사람마다 다를 수 있다'는 말에는 '무엇이든 다 허용하게 만들 수도 있다'는 맹점이 있다. 즉, 자신이 누구인지 잘 파악하라고 하면 스스로 자신을 속이고 싶은 유혹이 생기게 마련이다. 예컨대 A라는 사람은 하루에 여섯 시간을 자면 정상적인 컨디션을 유지할 수 있다. 자신은 그것을 알고 있다. 하지만 더 자고 싶은 마음에 아홉 시간은 자야 충분하다고 말한다. 즉, 사람마다 적절한 수면 시간이 다르다는 점을 역으로 이용하는 것이다.

"나는 원래 남들보다 많이 자야 해요. 이렇게 태어난 것을 어쩌라고요? 공부하고 싶어도 할 수가 없어요."

이런 태도가 자신을 속이는 것이다.

한편, B는 하루에 네 시간만 자면서 평소 피로를 많이 느껴 집중하기 어렵다고 말한다. 이들은 잠자는 시간을 늘리면 바로 문제가 해결된다. 그럼에도 밤늦게까지 게임을 하거나 스마트폰을 하는 습관을 고치고 싶지 않아서 자신에게 잠은 네 시간이면 충분하다고 말한다. 수면 시간을 그대로 둔 채 다른 데에서 피로의 원인을 찾다 보니 상황은 나아지지 않는다. 이 역시 자기 자신을 속이고 있는 것이다. 이렇게 자기 자신을 속이면서 어쩔 수 없는 현실이라고 핑계를 댄다. 자신을 속이고 싶은 유혹에서 벗어나는 것이 공부하기 전에 꼭 필요한 자세이다.

자신에게 솔직해지는 것부터 시작하기

또 하나 중요한 것은, 자기 자신과의 약속은 꼭 지켜야 한다는 점이다. 대개 새해 계획이 작심삼일이 되는 이유는 그 목표나 계획이 거창하기 때문이다. 이제 자신과의 약속 중 거창한 것은 하지 말자. 소소한 약속을 하는 것이다. 예컨대 한 시간 동안 스마트폰 만지지 않기 같은 것 말이다. 별거 아닌 듯한 규칙들도 모이면 상상 못할 엄청난 힘을 발휘할 수 있다. 작은 규칙들이라도 일단 하기로 마음먹었다면 꼭 지켜라. 힘들 것 같으면 쉬운 약속만 해도 된다. 어려운 일은 그 무엇도 강요하지 않을 것이다. 그 대신 자신만은 속이지 않기를 바란다.

마지막으로 반드시 피해야 할 것이 시간만 채우는 공부다. 공부를 싫어하지만 어떻게든 해야겠다는 생각에 그저 시간만 채우는 공부를 한다. 이 경우 도서관에 세 시간씩 앉아 있더라도 제대로 집중하는 시간은 실제 한 시간도 되지 않는다. 앉아 있지 않으면 불안해하고, 도서관에서 세 시간을 보냈다고 내심 뿌듯해한다. 이러한 습관은 이 책에서 추구하는 방향과 정면으로 충돌한다. 이런 상황이라면 한 시간만 공부하고 나가서 노는 게 낫다. 놀 때 열심히 노는 사람이 공부할 때도 열심히 한다. 비효율적 공부 습관은 절대적으로 피해야 한다. 이런 습관이 반복되면 공부 자체가 지루한 것이 된다. 공부할 때마다 자신을 지루한 상황으로 몰아넣었기 때문이다. 결국, 공부에 대한 부정적 인식만 강화될 뿐이다. 우리가 가장 두려워하는 상황을 만들어서는 안 된다.

중요한 것은 자기 자신에게 좀 더 솔직해지는 것이다. 지금보다 더 잘해야 한다는 게 아니라 지금 상황을 그저 객관적으로 받아들이자는 것이다. 모든 것은 거기서부터 출발한다.

자기가
변명이 많은 사람인지 아는 방법

우리 삶에 이유 없이 일어나는 일은 없다. 우리가 계획을 끝까지 실행하지 못하는 데에도 분명 이유가 있다. 천 명이 있다면 천 가지 이유가 존재한다. 끝까지 실천하지 못한 어쩔 수 없는 이유가 있었다고 말한다.

이것은 공부하고 말고를 떠나 삶에서 매우 중요한 문제이다. 공부뿐만 아니라 삶의 다른 부분까지 함께 무너져 내릴 가능성이 있기 때문이다. 우리는 약속한 무엇인가를 하지 못하게 되었을 때 그 이유를 설명하고자 한다. 약속 시간보다 늦은 경우는 생각지 못한 교통 체증으로 길이 막혀서다. 길만 안 막혔으면 제시간에 도착할 수 있었을 텐데 갑자기 길이 막힌 것이 잘못이다. 지하철이 이상하게 안 와서 늦은 것이다. 원래 자주 왔는데 오늘따라 배차 간격이 길어져서 그렇다. 지하철이 문제다. 혹은 잘 작동하던 드라이기가 갑자기 고장 나서 늦은 것이다. 매번 잘 작동하던 것이 하필 오늘 고장이 난 것이다. 엄마가 안 깨워줘서 그렇다. 엄마가 매일 잘 깨워주는 데 오늘만 이상하게 안 깨워줘서 늦게 출발하다 보니 약속 시간을 못 맞춘 것이다.

이처럼 약속 시간을 지키지 못한 데에는 누구나 이유가 있다. 이유가 없는데도 늦었다면 정말 이상한 것이다. 그렇다면 공부에 대한 것은 어떨까? 오늘 공부하기로 한 분량을 스스로 정했다면 이를 최대한 해내야 한다. 하지만 그 계획을 지키지 못하게 되는 이유가 있다. 그 이유는 얼핏 합당하게 느껴진다. 앞서 약속 시간에 늦은 이유처럼 말이다.

평소 약속 시간을 잘 지키는데, 어쩌다 한 번 늦었다면 그 이유는 합당하다. 하지만 열 번 중 8~9번 정도 약속 시간을 어긴다면? 그 사람에게만 예상치 못한 기이한 일이 반복적으로 발생하는 것일까? 이는 분명 상황의 문제가 아니라 그 사람 개인의 문제다.

공부도 마찬가지다. 그날의 공부 분량을 마치지 못한 이유는 수백 가지일 수 있다. 오늘 내가 공부 약속을 지키지 못한 것은 어쩔 수 없었다고 자기 자신에게 변명할 수 있다. 하지만 한 번 변명을 시작하면 매번 어쩔 수 없는 사정이 생기게 마련이다. 가족 모임이 더 중요해서일 수도 있고, 친구가 힘든 일을 겪어서일 수도 있다. 이렇게 우선순위에서 밀리다 보면, 계획대로 진행하기란 어렵다. 그러고도 나는 나름대로 최선을 다했다고 생각할 것이다.

공부를 잘하는 사람들의 공통점

많은 사람이 깨닫지 못하는 사실이 있다. 바로, 자기가 어느 정도로 변명이나 핑계를 대는지 스스로는 잘 알지 못한다는 것이다. 대개 평균보다 핑계가 많은 편임에도 적은 편이라고 생각한다. 공부를 꾸준히 잘하는 사람들에게는 공통점이 있다. 변명이나 핑계가 거의 없다는 것이다. 그들에게는 돌발 상황이 덜 일어나는 행운이라도 있는 걸까? 가족관계 혹은 친구관계 자체가 나빠서 다른 사정이 안 생기는 걸까? 아니다. 누구나 유사한 상황들에 처한다. 그럼에도 공부에 대한 자신의 약속을 잘 지킨다. 핑곗거리를 찾지 않고 처음의 계획을 완수한다.

공부하기에 앞서 꼭 길러야 하는 것이 회피하지 않는 태도다. 핑계를 대기 시작하면 아무리 공부를 싫어하지 않더라도 진척이 없다. 핑계를 대면서 자기 나름대로 최선을 다했다고 스스로 위로하기 때문이다. 이로써 아무 변화도 얻지 못하는 것이다.

자신이 얼마나 변명을 하는지 객관적으로 바라보기란 어려운 일이지만 은연중에 핑계를 대는 습관이 있는지 자신을 돌아볼 필요가 있다. 하루하루의 계획들에 대해 그것을 완수한 날들을 체크해본다면 자신의 성향을 얼추 알 수 있다. 자신과의 약속에 대해 이유를 불문하고 80퍼센트 이상 완수하지 못했다면 변명이나 핑계가 많은 것이다. 공부 분량이 너무 많아서 다 해내지 못했다면 처음부터 계획을 잘못 세운 것이므로 이 또한 자신의 책임이 된다.

이것은 공부를 넘어 인생이 달린 문제다

따끔한 충고라고 여길 수도 있지만 강요하지는 않는다. 무리하게 많은 공부량을 설정하라고 한 적도 없다. 지루한 공부를 참고 인내하라는 이야기는 더더욱 아니다. 앞으로 지루하지 않게 공부하는 방법들을 계속 소개할 것이다. 다만, 자신이 세운 계획과 약속만은 꼭 지키도록 노력하라는 것뿐이다. 누구에게 잘 보이기 위해서도 아니며 오직 자기 자신을 위한 것이다.

이것은 공부뿐만 아니라 인생에도 적용된다. 어떤 분야든 성공하는 사람들은 변명을 늘어놓지 않는다. 랩을 좋아해서 유명한 래퍼가 되고 싶다고 해보자. 이를 위해 하루도 빼놓지 않고 가사를 쓰고 랩을 연습해야 한다. 부모님들은 대부분 래퍼가 되고 싶다는 자식을 달갑지 않아 할 것이다. 부모님이 만류해서 래퍼가 되지 못하고 회사원이 되었다는 핑계가 통할까? 대학을 다니면서 학점관리도 하고 랩 연습도 하느라 시간이 부족했다고 말할 수 있을까? 이렇게 이유를 들어 끊임없이 변명해간다면 결코 성공한 래퍼가 될 수 없다. 중요한 무대에서도 연습량 부족으로 가사를 잊고 헤맬 뿐이다.

자신에게 관대하고 변명을 늘어놓는 사람들은 공부뿐만 아니라 인생 자체에서 성공하기 어렵다. 앞으로 소개할 내용 또한 그들에게는 아무 소용이 없다.

그러니 계획과 결과 그 자체만 놓고 보는 습관을 갖자. 중간 과정에 대한 변명이나 합리화에서 벗어나려면 객관적으로 바라볼 수 있는 것들로만 판단하는 게 중요하다. 부차적인 설명은 필요 없다. 누가 시키지도 않았으며 당신을 괴롭게 만들 생각도 없다. 다만, 누구의 강요도 없이 내가 스스로 세운 계획 중 솔직하게 어느 정도를 완수하였는가, 그것이 가장 중요하다.

인생을 파멸로 이끄는
부정적인 생각의 무한 루프

우리 주변에는 습관적으로 부정적인 생각을 하는 사람이 많다. 부정적 생각은 모든 성공의 방해 요소다. 공부에도 마찬가지다.

'내가 해봤자 얼마나 잘하겠어?'

'지난번 시험을 못 봐서 이번에 잘 봐도 소용없어.'

'요즘 공부 잘한다고 성공하나? 어차피 흙수저지.'

'난 원래 수학은 못 했어.'

'암기 과목이 약하니까 그냥 포기해야지.'

이는 공부에 관한 전형적인 부정적 생각들이다. 평소에 이런 생각을 많이 한다면 공부를 잘하기란 쉽지 않다. 시작하기도 전부터 의욕을 저하시키기 때문이다. 이제부터 의도적으로 부정적인 생각을 안 하려고 노력하더라도 어느새 부정적 생각에 빠져 있는 자신을 발견할 것이다. 왜냐고? 단지 공부에 관해서만 부정적인 생각을 안

하려 하기 때문이다. 평소 실생활에서 모든 것에 부정적인 생각을 적용하기 때문이다. 사고방식 자체를 바꾸어야 한다. 공부에 관해서만 바꾼다고 해결되는 것이 아니다.

내가 자주 가던 한 인터넷 커뮤니티에서는 부정적인 글을 쓰는 사람들을 아예 탈퇴시키는 것으로 유명했다. 온라인에서 돈 버는 방법을 연구하는 카페였는데, 온라인에서 돈 벌기가 쉽지 않다거나 어차피 해도 안 될 것이라는 등 부정적인 말을 하는 사람들이 몰리기 십상이다. 카페 운영진은 부정적인 글들이 마이너스 흐름을 일으킨다면서 부정적인 글을 남기는 회원들을 아예 쫓아냈다. 결국 카페에는 플러스 흐름을 주는 사람들만 남아 있다. 이 카페의 운영 방침이 어떤가? 표현의 자유가 없고 너무 가혹하다고 느껴지는가?

부정적인 생각은 마치 전염병과 같다

우리가 잘 인식하지 못하고 있으나 부정적인 말은 긍정적인 말보다 쉽게 전파되고 전염된다. 주변 사람들이 다 똑같이 부정적인 말을 하기 시작하면 나도 왠지 부정적으로 생각하게 되는 것이다. 그 효과는 실로 놀랍다. 그저 중립적이었던 사람조차 어느새 걱정과 불안을 갖게 된다. 이 부정적 생각은 점점 더 큰 부정적 생각으로 번져 꼬리에 꼬리를 물고 나타난다.

예컨대 인스타그램에서 예쁘고 멋진 사람들을 보다가 거울 속 자신의 모습에 우울해졌다고 생각해보자. 눈도 이상하고 코도 이상한 것 같다. 몸매도 별로인 것 같다. 외모에 대한 부정적인 생각을 계속하다 보니 그렇다고 잘하는 것도 없는 듯하다는 데로 생각이 번진다. 공부도 별로고 특출한 재주도 없고, 그렇다고 집에 돈이 많아서 걱정 없이 살 수 있는 것도 아니다. 잘 생각해보니 성격이 이상해서인지 친구도 별로 없는 것 같다. 정말 잘난 점이 하나도 없음을 뼈저리게 느끼고 점점 더 우울한 생각으로 빠져들고 만다. 그런데 이 생각들이 전부 사실일까? 아니다. 당신은 생각처럼 문제 있거나 별로인 사람이 아니다. 부정적인 생각들이 잠시 당신을 잠식해버렸을 뿐이다.

이처럼 부정적인 생각을 자주 하는 습관은 공부뿐만 아니라 일상 전반에 좋지 않은 영향을 미친다. 이번 기회에 아예 끊어버리자. 가장 좋은 방법은 부정적인 생각을 하고 있음을 느낀 순간 그 생각을 멈추고 다른 생각을 하는 것이다. 나도 이런 훈련이 익숙해지기 전에는 한 번 든 부정적인 생각이 점점 더 여러 부정적인 생각으로 이어져서 '아무래도 자살해야 하는 건 아닐까'라는 데까지 간 적도 있었다. 그리고 이런 생각이 해롭다는 인식조차 하지 못했다.

아마 많은 사람이 그러할 것이다. 인터넷 댓글들을 보면 거의 다 부정적인 내용이니까 모두 이렇게 생각하고 이렇게 사나 보다 했다. 하지만 성공한 사람들은 이런 식의 사고방식을 가지지 않는다. 단지, 우리 주변에 성공한 사람들이 적기 때문에 우리가 모를 뿐이다. 또, 그들은 굳이 남들을 변화시킬 필요가 없다. 자기 삶을 충실히 살아내기도 바쁘므로 인터넷에 댓글을 달 시간도 없다.

부정적인 사고에서 벗어나는 방법

부정적인 사고에서 벗어나려면 일단 생각 자체를 바꾸어야 한다. 첫 번째 단계는 단지 내가 부정적인 생각을 하고 있음을 인지하는 것이다. 그것을 인지하는 순간 멈추려 하면 얼마든지 멈출 수 있다. 대개 이런 부정적 생각은 쓸데없는 걱정이거나 의미 없는 내용이기 때문에 빨리 멈출수록 정신 건강에 이롭다. 좀 더 적극적으로 긍정적인 생각을 할 수 있는 단계까지 간다면 더 좋겠지만 우선은 이것부터 시작해야 한다.

부정적인 생각, 즉 쓸데없는 걱정은 쓸모 있는 걱정과는 격이 다르다. 부정적인 사람들은 보통 어차피 해도 안 될 것이라거나 의미 없다는 말로 끝을 맺는다. 하지만 쓸모 있는 걱정을 하는 사람들은 '이번 시험 망치면 안 되니까 빨리 공부해야겠다'로 사고를 전환한다. 이런 방식으로 걱정하는 사람들이 대개 공부도 잘하는 편이다.

즉, 내가 어떤 행위를 하기 위한 걱정이라면 전혀 문제가 없다. 하지만 단지 신세 한탄이거나 개선할 수 없는 부분에 대한 걱정은 당장 오늘부터 끊어야 한다. 습관을 바꾼다는 것이 하루아침에 이루어지는 일이면 얼마나 좋겠냐마는 그렇지 않다는 것을 우리는 이미 알고 있다. 부정적인 생각이 줄어들수록 날마다 기분이 더 좋아짐을 느낄 것이다. 그러면 더 힘을 내서 생각을 바꿔갈 수 있다. 이는 지루하지 않게 공부하기 위한 가장 중요한 기본 토대이다.

Chapter 3
공부에
대한
부정적인
감정
버리기

지루한 모든 것을 이겨낸

사람들의 비밀

지금까지 살면서 가장 지루한 순간은 언제였는가? 단조로운 톤으로 진행하는 강의를 몇 시간 동안 들을 때? 언제 올지 모르는 사람을 마냥 기다릴 때? 러닝머신 위에서 음악 없이 계속 뛸 때? 지루한 상황들의 공통점은 같은 행위를 계속 반복해야 한다는 것이다.

그러한 점에서 공부와 운동에는 공통점이 있다. 공부는 제자리에서 똑같은 책을 계속 읽어야 한다. 러닝머신도 계속 제자리에서 반복해 뛰어야 한다. 그렇다면 공부나 운동을 지루하다고 느끼는 것이 내 잘못일까?

러닝머신은 고문 기구로 고안된 것이라고 한다. 다만 현대에 들어서 운동 기구로 변모한 것이다. 그러니 러닝머신을 하면서 즐겁다고 느끼는 사람이 오히려 특이한 것이다. 공부도 마찬가지다. 공부가 재미있다는 사람이 특이한 거다. 둘 다 지루한 과정을 거쳐야만 한다. 그렇다면 그 지루함을 이겨낼 수 있게 만드는 힘은 무엇일까? 결국 스스로에 대한 만족감과 남들에게 보여주고자 하는 과시욕이다. 누군가에게는 자신에 대한 만족감이 클 수도 있고, 누군가에게는 과시욕이 클 수도 있다. 두 가지가 결합된 경우가 가장 많을 것이다. 아니라고? 당신에게는 과시욕이 없다고? 혹시 그렇다 해도 자신의 뛰어난 점을 남들이 알아주는 데 기분 나쁠 일은 없다. 물론 적극적인 과시가 아닐지라도 말이다.

예컨대 운동을 통해 몸매를 잘 가꾼다면 그것이 남들에게 과시할 수 있는 요소다. 몸이라는 것은 눈에 보이기 때문이다. 공부 역시 높은 성적을 받자면 남들의 부러움을 받을 수 있다. 마찬가지로 과시할 요소인 셈이다.

지루함을 이겨내는 힘은 단 한 번의 성취 경험이다

열심히 공부하는 사람 중에도 몸을 가꾸는 일을 어려워하는 사람이 있고, 열심히 운동하는 사람 중에도 공부에는 흥미를 못 붙이는 사람이 있다. 둘 다 지루한 과정이라는 공통점이 있음에도 이렇게 차이가 나는 이유는 무엇일까?

결국 과정이 지루하더라도 그 보상을 빨리 획득할 수 있느냐의 여부가 지루함을 버텨내는 원동력이 된다. 공부를 좋아하는 사람들은 상대적으로 공부 머리가 있어서 남들보다 먼저 공부를 통한 성취감을 맛본 것이다. 그 성취감이란 앞서 말한 자신에 대한 만족감이나 남들에게 보여주고자 하는 과시욕 두 가지를 모두 의미한다. 이것을 한 번이라도 경험한 사람들은 그 달콤함을 알기 때문에 계속 노력하여 높은 성취를 거두곤 한다.

운동을 좋아하는 사람 역시 운동을 통해 원하는 몸매를 가꾼 것이 자극제일 수 있다. 흔히 운동을 안 해도 될 사람들이 더 많이 하고, 정작 운동을 해야 할 사람들은 안 한다는 말이 있다. 모순처럼 보이지만 당연한 결과이다. 과체중인 경우 목표치에 도달하는 과정 자체가 어려우므로 보상 경험을 겪기 어렵다. 그래서 더 쉽게 포기하는 것이다. 반면, 목표치에 쉽게 도달한 사람들은 달콤한 보상을 경험하고 그 경험을 토대로 운동을 지속하는 것이다.

결국 공부가 싫은 사람들에게 필요한 것은 그 한 번의 경험이다. 단 한 번만 성취감을 느끼고 그 달콤함을 경험한다면 지루함을 떨치고 공부를 지속하기가 그리 어렵지 않다. 그렇다면 선천적으로 유리하지 않은 분야라도 그것이 가능할까? 물론, 얼마든지 가능하다. 지금부터 말하고자 하는 방법은 누구나 할 수 있는 것들이다. 여태껏 겪지 못했던 단 한 번의 경험으로 완전히 다른 세상을 살게 해 줄 것이다.

책상이 싫으면
책상 앞에 앉지 마라

공부 잘하는 사람은 오랜 시간 책상 앞에 앉아 잘 견뎌낸다. 흔히 공부를 잘하려면 우선 책상 앞에 앉아 있는 습관을 들이라고 하는 게 이 때문이다. 일단 책상이랑 친해지고 나서 다음 단계로 공부에도 흥미를 붙여보라는 것이다. 하지만 이러한 습관의 강요는 영원히 공부하지 않는 사람들을 양산했다. 책상 앞에 앉는 것은 무언가 본격적이라는 느낌을 준다. 공부할 때 아니면 앉을 일도 없기에 앉는다는 것 자체가 부담스럽다.

나는 특히나 수많은 사람이 같은 공간에 앉아서 숨 막히게 공부하는 독서실 같은 환경을 좋아하지 않는다. 책상 앞에 앉아서 열심히 공부하는 모습을 상상하는 것만으로 질리는 이들에게는 부담감이 더 크겠다. 책상 앞에 앉아야 할 때면 이미 하기 싫다는 마음이 커진 상태다. 책상 앞까지 가는 발걸음이 천근만근이다. 그래서 나는 책상보다는 침대에서 공부하곤 했다. 이미 내용 정리가 되어 암기만 하면 되는 경우, 누워서 공부하는 편이었다. 그게 아니라도 침대 위에 접이식 좌식 책상을 올려두고 공부했다.

어떤 사람들은 침대에 눕기만 해도 바로 잠이 든다며 침대에서 공부하는 것은 상상도 하지 못한다고 말한다. 그런 사람들에게는 침대가 맞지 않으니 다른 방법을 강구해야 한다. 나는 본래 누워 있는 것을 좋아한다. 꼭 잠을 잘 때가 아니라도 누워서 이것저것 하기를 즐기는 편이다. 게다가 푹신푹신한 것을 워낙 좋아해서 툭하면 침대에 올라가 있곤 한다. 나의 성향상, 침대에서 공부한다는 것 자체가 공부에 대한 심리적 장벽을 많이 해소해주는 셈이다.

또 하나 좋아하는 장소는 집 근처의 스터디 카페다. 고층에 있는 스터디 카페의 경우, 창가 쪽 자리에 앉으면 바깥 경치를 볼 수 있다. 운 좋게도 창밖으로 나무들이 우거진 풍경의 스터디 카페를 발견했다. 그곳에서 공부할 때는 항상 창가에 앉아 바깥 풍경을 바라본다. 물론, 실제 공부에 몰입하다 보면 가끔 한 번씩 바라볼 뿐이다. 하지만 이렇게 탁 트인 느낌을 받으면 공부에 대한 부담감이 줄어든다. 그뿐만 아니라 카페이기 때문에 커피를 마시면서 책을 볼 수 있다. 평소 허세 부리기를 좋아하지는 않으나 커피 한 잔과 함께 책을 보는 내 모습이 왠지 멋지다고 느껴진다.

자신이 좋아하는 최적의 공부 환경부터 찾아라

내가 말한 장소들은 나에게는 최적이지만 다른 사람들에게는 별로일 수 있다. 즉, 사람마다 공부에 대한 최적 환경이 다른 것이다. 이것은 꼭 책상 앞에 앉아야만 공부를 잘하는 게 아니라는 의미다. 침대에 누워서 공부하는 것은 절대 안 된다고 생각하고 있었는가? 왠지 책상 앞에 앉아야만 고득점을 할 수 있다는 고정관념에 빠져 있었는가? 이러한 생각에서 벗어날 때, 자신에게 가장 적합한 환경을 찾을 수 있다.

당신이 새로운 방식을 찾아냈을 때 못마땅해하며 한마디씩 하는 사람이 분명 있을 것이다. 예컨대 부모님은 누워서 무슨 공부가 되냐고 바른 자세로 하라며 잔소리할 수 있다. 그렇다고 포기해서는 안 된다. 그럴 땐 이 책을 보여드리자.

자신에게 가장 적합한 환경을 찾는 데는 시간이 좀 걸릴 수 있다. 하지만 이것은 평생이 걸린 문제이다. 책상 앞에 가기 싫어 열 번 중 여덟 번은 공부를 뒤로 미뤘는데, 침대에서 하면서 열 번 중 네 번만 공부를 하게 되더라도 두 번의 차이가 생긴다. 이것을 1개월, 1년, 일생으로 따지자면 그 격차는 실로 엄청나다. 그러니 자신이 조금이라도 부담 없이 편하게 공부할 환경을 찾는 일을 소홀히 하지 않기를 바란다. 집 안의 장소뿐만 아니라 집 밖에서도 찾을 수 있다. 스터디 카페, 도서관 등 다양한 공간이 있다.

공부 잘하는 사람은 그런 것을 따지지 않고 어디서든 잘한다고? 내가 원래 공부를 잘하는 사람이었다면 이런 걸 찾아 헤맸겠는가? 공부하기도 싫은데 공부 환경이라도 내 마음대로 정할 수 있어야 하지 않겠는가? 최대한 나에게 유리한 환경을 찾아서 거기서부터 시작하자.

남들과 다른
나만의 공부 장소를 찾아라

나는 침대에서 공부하는 것을 좋아한다. 누워서도 하고, 앉아서도 한다. 어찌 됐든 딱딱한 책상과 의자가 싫다. 공부방의 분위기도 싫다. 침대에서 하다가 졸리면 잠깐 눈을 붙이고 다시 일어나서 또 책을 본다. 침대 위에서 공부하기 위해 접이식 좌식 책상도 샀다. 등 뒤에는 항상 쿠션 혹은 커다란 베개가 있다. 자주 보는 책들은 책꽂이가 아니라 침대 옆 바닥에 쌓여 있다. 침대에 누워서 손을 뻗으면 바로 닿을 거리이다.

침대 위에서는 잠자는 것 외에는 하지 말라고 하는 전문가들도 있다. 공부 효율이 떨어질 수 있고 불면증에 걸릴 수 있다고 겁을 준다. 물론, 그런 사람도 있을 것이다. 하지만 전문가의 말이 항상 옳은 것은 아니다. 사람마다 다르다. 나는 불면증에도 안 걸렸고 효율도 매우 높다. 나에게 가장 적합한 공부 장소를 찾은 것이다. 이처럼 누군가의 말을 절대적으로 신뢰하기 전에 내 몸으로 내가 직접 체험해보아야 진실을 알 수 있는 법이다.

시험 볼 때와 유사한 환경에서 공부해야 잘 기억할 수 있다고? 그래서 시험 때와 동일한 환경을 유지하겠다며 학교에 남아 공부하던 친구들도 있었다. 하지만 나는 침대에서 공부하고 시험은 학교에서 보았다. 당연한 말이지만 침대에서 시험을 본 적은 없다. 하지만 점수는 항상 상위권을 유지했다. 결국, 전문가의 말도 다 믿을 필요는 없다는 것이다.

대학생 때는 시험 기간에 저렴한 와인을 홀짝홀짝 마시면서 침대에 앉아 공부하기도 했다. 워낙에 술을 좋아했기 때문에 '술을 마시면서 공부하면 잡생각도 사라지고 지루한 감정도 사라지지 않을까' 하는 생각에서 실험해본 것이다. 그때 한 번 말고는 술을 마시면서 공부한 적은 없는데, 이는 어른들의 '술 마시면서 공부하지 말라'는 말씀을 따른 게 아니다. 내가 직접 경험해보고 느낀 바대로 움직였을 뿐이다.

또 하나 내가 좋아하는 공부 장소는 나무와 풀들이 우거져서 초록빛을 띠는 곳이다. 도시에서 찾기는 쉽지 않은 장소다. 직접 숲속에 들어가 공부한다면 가장 좋겠지만 여건상 쉽지 않다. 그래서 창밖으로라도 자연의 풍경이 보이는 곳을 찾는다. 공부하다가 잠깐씩이라도 자연 풍경을 보면 마음이 편안해지고 더 집중하여 공부할 힘을 얻게 된다.

이처럼 자신에게 적합한 공부 장소는 직접 경험해보지 않으면 알기 어렵다. 또한 사람마다 다르기에 다른 사람의 조언만으로 결정할 수도 없다. 우선, 내 마음이 편해지고 거부감이 없는 공간에서부터 시작해보는 게 좋다. 마음이 너무 편해져서 잠이 쏟아지거나 아무것도 할 수 없다면 그 또한 문제다. 이때는 그다음으로 편한 공간을 찾아 나서면 된다.

거듭 말하지만 공부는 억지로 참으면서 해야만 잘할 수 있는 게 아니다. 공부는 괴로움 참기 대회가 아니다. 자신에게 딱 맞는 공부 환경, 괴롭지 않게 공부하려면 적어도 나를 끌어당기는 곳으로 정해야 한다.

공부와 관련된
부정적 기억을
만들지 마라

공부 하면 어떤 이미지가 떠오르는가? 지루함, 답답함, 재미없음, 졸림 등 부정적인 게 대부분일 것이다. 인간은 자신에게 부정적인 기억을 떠올리는 행위를 회피하고자 하는 본능적인 성향을 갖고 있다. 결국 공부와 관련하여 부정적인 기억들이 쌓여갈수록 공부를 시작하는 것이 점점 어려워진다. 즉, '오늘 공부 좀 해야 하는데'라고 생각하는 횟수가 열 번이라면 공부에 대한 부정적 기억이 강한 사람은 실제 한두 번밖에 실행하지 않는다. 반면, 공부에 대한 부정성이 약한 사람들은 일고여덟 번까지도 할 수 있게 된다. 시간이 흐를수록 그 격차는 실로 커질 수밖에 없다.

예전에 살던 집에서는 청소기를 작은 창고 안에 보관했다. 그 창고 안에는 각종 잡동사니가 가득하여 창고 문을 열 때마다 안에 들어 있던 물품들이 쏟아져 나오기 일보 직전이었다. 청소기를 꺼내

청소를 마친 뒤 다시 집어넣는 것은 더 어려웠다. 청소기를 쑤셔 넣으면 창고 문이 닫히지 않았다. 사실 창고 정리를 할 필요가 있던 것이다. 하지만 창고 정리 없이 청소기만 어렵게 넣었다 뺐다 하면서 불편한 마음이 점점 커졌다. 결국, 청소할 생각만 해도 청소기 넣을 때 짜증이 났던 일이 떠오르면서 청소하는 횟수가 점점 줄어들었다. 안 그래도 하기 싫어하던 청소를 더 안 하게 되어버린 것이다. 이처럼 특정 행위에 대한 부정적인 기억은 그 행위 자체를 하지 않게 만든다. 비단 공부뿐만 아니라 다른 모든 행위에도 적용되는 것이다.

앞서 이야기한 것처럼 나에게 딱딱한 책상과 의자는 공부에 대한 부정적인 이미지를 만드는 요소다. 최근 몇 년 동안 집 책상 앞에 앉아 책을 본 기억이 거의 없다. 심지어 책상에 앉아서 해야 하는 컴퓨터조차 잘 안 하게 된다.

앞서 말했지만, 스터디 카페를 좋아하는 큰 이유는 창가 자리에 앉아 바깥 경치를 볼 수 있다는 점 때문이다. 하지만 의자의 재질이 푹신한 편이라는 이유도 무의식에 있을 것이다. 내가 특별히 의자의 재질을 따졌던 것은 아니지만 본능적으로 그곳에서 편안함을 느꼈다고 생각한다. 그래서 그 장소에 대한 좋은 기억을 형성할 수 있었고, 다음에 가서 또 공부하고 싶다는 마음이 생겼던 것이다.

공부를 위해 억지로 참지 마라

많은 사람이 지닌 공부의 부정적인 기억 중 하나는 졸린 것을 참는 일과 관련이 있다. 졸려도 더 해야 한다는 생각에 졸린 눈을 비비면서 책을 들여다본다. 하지만 졸린 상태에서 한 시간을 보는 것은 정신이 맑은 상태에서 10분을 보는 것만 못하다. 차라리 그 시간에 자는 편이 낫다. 그리고 그것보다 더 안 좋은 것은 공부에 대한 안 좋은 감정이 강화된다는 것이다. 졸리거나 배고픈 것을 참는 것, 덥거나 추운 것을 참는 것 등은 누구에게나 결코 좋은 기억이 될 수 없다. 그렇기에 배고픈 것을 참으면서 공부를 하거나 온도가 적절치 않은 환경에서 부정적인 기억들을 쌓는 것 또한 피해야 한다.

그러한 기억들은 우리 잠재의식에 남아 공부를 시작하려 할 때마다 부정적인 신호를 보낼 것이다. 공부는 널 괴롭게 할 테니까 하지 말고 이대로 있으라고! 따라서 공부를 잘하기 위해 가장 중요한 것은 공부해야 한다고 느끼는 순간에 누가 더 책을 자주 펼 수 있는가에 달려 있다. 일단 책을 폈다면 적어도 30분 정도는 대개 집중할 수 있는 편이다. 결국 공부에 대한 부정적인 기억들은 내가 책과 가까워지는 것을 방해하는 요소이기 때문에 위험하다.

공부하는 나 자신을 아껴주기

이러한 굴레에서 벗어나기 위해 우선은 '공부하는 나'를 아껴줄 필요가 있다. 우리가 아끼는 대상이 있다면 어떻게 행동하는가? 최대한 배려하면서 불편하지 않게 대할 것이다. 졸리거나 피곤할 때는 일단 쉬어준다. 짜증이 나거나 머리가 복잡할 때도 쉬어준다. 의자가 딱딱하고 불편하면 거기에 앉지 않는다.

공부가 지루하다면? 앞으로 이 책에서 소개할 지루하지 않게 공부하는 법을 배우면 된다. 참기 힘든 환경 속에서 당장 조금 더 공부해보려다가 평생 공부를 싫어하게 만드는 실수를 저질러서는 안 된다.

최대한 공부에 대한 부담이나 부정적 기억을 줄이는 방향으로 행동해보자. 그러면 오히려 평소에 공부하는 것이 그렇게 부담스럽지 않을 거다. 물론 시험 기간에 좀 더 일찍 공부를 시작하여 시험 전날 밤새우지 않고도 시험을 잘 치를 수 있을 것이다.

영어를
죽도록 싫어한 이유

　중학생 때 영어 공부를 하는 것이 죽기보다 싫었다. 그 당시 학교 방과 후 영어 수업이 완전히 문법 위주로 진행되었다. 동명사, to부정사, 관계대명사 등 어려운 영문법 용어들이 마구 등장했다. 무슨 말인지 하나도 모르겠는데 선생님이 시키는 대로 무작정 암기해야 했다. 문제를 내서 틀리면 똑같은 문장을 백 번씩 써서 제출해야 했다. 이해하지도 못하는 내용을 반복해서 써야 하는 것에 점점 더 거부감이 들었고 영어는 나에게 최악의 과목이 되어버렸다.

　영어 공부는 싫었지만 혼자서 다른 외국어를 공부해보고 싶은 마음이 생겼다. 아마도 나는 외국어 공부 자체를 좋아하는 사람이었나 보다. 서점에서 일본어책을 사서 혼자 공부를 해보았다. 마침 라디오 방송 중 1년 과정으로 일본어 강좌를 해주는 것이 있었다. 그 교재를 사서 라디오를 들으며 중학교 3학년 1년간 일본어 공부를 했다. 매일 아침 6시에 일어나 30분간 라디오로 수업을 들었다.

일본어는 당시 학교 과목이 아니었기에 학교 내신과도 관련이 없었다. 그럼에도 새벽마다 일어나서 1년간 지속적으로 공부했다. 과연 그렇게 하는 것이 쉬웠을까? 중학교 3학년뿐만 아니라 성인에게도 쉽지 않은 일일 것이다. 사실 그렇게 포기하지 않고 끝까지 한 이유가 있었다.

1990년대에는 전 세계 사람들과 직접 편지를 주고받으며 친구를 사귀는 해외 펜팔이 유행했었다. 인터넷을 통한 이메일이 활성화된 것은 그 이후인 1990년대 후반의 일이었다. 나는 펜팔 친구를 소개해주는 국제친선협회에 가입하였고, 일본인 여자아이와 편지를 주고받기 시작했다. 국제우편은 도착하는 데 시간이 걸리는 편이라 한 달에 두세 차례씩 편지를 주고받았던 것 같다. 내 생일날에는 일본인 친구가 직접 생일 축하 노래를 녹음해서 보내준 테이프를 들으며 감동하기도 하였다.

펜팔을 하기 위해 처음에는 펜팔 교재에 있는 예시 문장들을 보면서 영어로 편지를 쓰기도 했다. 하지만 조금 아쉬운 마음이 들었다. 둘 다 영어권 국가 사람이 아니었기에 하고 싶은 말을 제대로 전달하지 못한다는 생각이 들었다. 점점 일본어로 직접 소통하고 싶은 마음이 커갔고, 이것이 일본어를 포기하지 않고 꾸준히 공부하는 계기가 되었다. 언어라는 것은 사실 이렇게 소통을 목적으로 해야 빠르게 늘 수 있다.

방식이 바뀌면 죽었던 흥미도 되살아난다

놀라운 것은 고등학생이 되면서 일본어뿐만 아니라 그토록 싫어하던 영어 공부도 좋아하게 되었다는 점이다. 중학생 때 영어를 가르쳤던 선생님의 교육방식에서 벗어나면서 이런 변화가 찾아온 것이다. 이것은 교육이 어떻게 사람의 흥미를 잃게 만들 수 있는지 보여주는 좋은 사례다.

새로운 세상이나 문화와 소통하는 걸 좋아하는 사람이라면 누구나 외국어를 좋아할 것이다. 해외여행을 즐기는 우리나라 사람들이라면 외국어도 당연히 좋아하는 것이 맞다. 하지만 외국어 공부를 원래 좋아하는 사람조차 잘못된 교육으로 말미암아 외국어를 혐오하게 만들 수 있는 것이 우리의 교육이다. 나 역시 잘못된 교육을 계속 강요받았다면 지금까지 영어를 싫어하고 있었을 수 있다. 그렇게 생각하니 정말 끔찍하다. 지금까지 살면서 영어 덕분에 얻은 인연과 정보들은 어마어마하다. 다시 영어를 좋아하게 된 것이 진심으로 다행이라 느껴질 정도다.

사실 고등학생 때까지 영어를 열심히 공부했어도 대학에 와서 영어로 한마디조차 대화할 수 없었다. 영어 회화 실력이 늘었던 것도 결국 대학에서 외국인 교환학생 도우미를 하면서부터였다. 서울대에 교환학생으로 온 유학생들을 도와주는 일을 맡았는데 자꾸 그들과 이야기를 하려다 보니 자연스럽게 영어 공부를 하게 되었다. 중학생 때처럼 문법 하나 틀리면 수백 번 반복해서 써야 하는 상황이었다면 영어에 흥미를 붙일 수 있었을까? 틀려도 상관없다는 마음으로 자꾸 대화하다 보니 영어가 좋아지고 회화 실력도 자연스럽게 늘었다.

혹시 중학생 때의 나처럼 영어에 대한 부정적인 기억을 쌓아가고 있다면 부디 그 대상이 영어 자체가 되지 않기를 바란다. 언어라는 것은 본질적으로 소통이 목적이지, 괴로워하면서 억지로 외우고 조금이라도 틀리지 않으려고 걱정해야 하는 것이 아니다. 또한 공부 차원으로 넓혀서 생각해도 마찬가지다. '공부는 다 싫어'라고 확정적으로 생각하지 않기를 바란다. 그렇게 마음의 문을 닫을수록 공부와는 멀어질 수밖에 없다. 사실 자기 자신도 모르고 있지만 좋아하는 공부가 있었을 수 있다. 다만 잘못된 교육방식 때문에 지금 잠시 거부감이 생긴 것일지도 모른다.

벼락치기가
마약보다 위험한 이유

　아무리 공부에 대해 부정적인 기억이 없는 사람도 '시험 기간'에 대해서는 부정적인 기억을 형성하는 경우가 많다. 시험 기간은 대개 온종일 공부를 해야 하고, 평소보다 무리해야 한다는 것 자체가 누구에게나 부담되기 때문이다. 하지만 여기서도 벼락치기를 하는 사람들은 공부에 대한 부정적 기억이 더 큰 편이다. 벼락치기를 하는 만큼 밤을 새우면서 괴로움을 참아야 하기 때문이다.

　앞서 말한 것처럼 힘들게 공부하는 사람들은 공부 자체를 부정적으로 바라본다. 머릿속에 공부를 떠올리기만 해도 잠을 참으면서 밤새우던 기억들이 생각나는 것이다. 그렇기에 다음 시험에서도 평소에 공부하거나 일찍 공부를 시작하는 것을 극도로 꺼린다. 공부 자체는 고통스러운 것이기 때문에 최소한의 기간만 괴로움을 겪고자 하는 것이다.

반면, 대체로 공부를 더 잘하는 편인 사람들은 평소에 공부해두거나 좀 더 일찍 시험공부를 시작한다. 그렇게 시작할 수 있는 원동력 또한 공부에 대한 부정성이 적기에 가능한 것이다. 그들은 벼락치기를 하면서 괴로운 경험을 쌓아오지 않았다. 그래서 조금 일찍 공부를 시작한다는 것이 그렇게 큰 부담이 되지 않는다. 결국 이런 차이는 계속 반복적인 기억을 형성하기 때문에 그 격차는 지속적으로 유지되고 만다.

벼락치기에 중독되는 근본적 이유

벼락치기는 이렇게 우리의 몸과 마음을 상하게 한다. 그럼에도 우리 아버지 세대부터 지금까지 끊임없이 이어져오고 있다. 그 이유는 무엇일까? 사실 벼락치기를 하면 괴롭기는 하지만 그 결과가 그렇게 나쁘지 않기 때문이다. 대개 단기간 준비해서 보아도 되는 시험인 경우, 하루를 밤새워 공부하면 어느 정도 성적이 나온다. 하루 공부한 것 치고는 결과가 괜찮게 나오는 것이다. 그래서 주변 친구들에게도 이렇게 말한다.

"나 어제 하루 공부했는데 이 정도면 잘한 것 아니냐? 일찍 공부 시작하면 다 맞을 것 같다, 진짜."

오히려 벼락치기를 한 자기 자신을 자랑스러워하기까지 한다. 하지만 여기에는 중요한 사실이 숨어 있다. 시험공부를 미리 시작하고 밤새우지 않은 사람과 전날 밤을 새운 사람 간에 전체 공부 시간은 비슷하다는 것이다. 그러니까 결국 비슷하게 공부를 했는데 벼락치기를 한 사람의 점수가 더 낮은 것이다. 밤을 새웠기 때문에 몸은 더 피곤하고 점수도 더 낮으니 결코 자랑스러워할 부분이 없는 것이다. 오히려 억울해하는 것이 맞다.

이런 경우 벼락치기를 한 사람들은 '나보다 점수 높은 애들은 나보다 더 괴롭게 공부했겠지' 하고 생각한다. 그러면서 나도 지금 이렇게 괴로웠는데 이 이상은 무리라고 생각한다. 하지만 이것은 굉장한 착각이다. 벼락치기를 하지 않은 사람들은 사실 별로 괴롭지 않게 힘들이지 않고 공부를 해왔다고 볼 수 있다. 시간적 여유로 말미암아 급하지 않게 여러 번 읽을 수 있었고, 컨디션이 가장 좋을 때 공부를 하니까 효율적이었던 것이다. 그렇지만 자기들도 평소보다는 시험 기간이 힘들었으니 힘들었다고 말할 뿐이다. 벼락치기를 한 사람들이 말하는 힘듦과는 질적으로 차이가 나는 것이다.

반면, 벼락치기를 하면 급하게 외워야 하므로 빠뜨리거나 포기하는 부분들이 생긴다. 수면 시간이 부족하기에 집중력도 평소보다 떨어진다. 결국 고생은 고생대로 하고 결과는 썩 좋지 않은 것이다. 괜찮은 편이 아니라 고생한 것에 비하면 부족한 것이다. 그나마 위안 삼는 것은 이 지겹고 괴로운 공부를 시험 기간에만 했다는 사실이다. 괴로운 날을 최소로 줄였다는 점에서 기뻐한다. 하지만 공부가 괴로운 게 아니라 공부를 몰아서 해야 했던 그 상황이 괴로운 것이다. 그럼에도 공부 자체를 싫어하는 악순환을 만들고 만다는 점에서 벼락치기가 무서운 것이다.

벼락치기는 공부를 점점 더 싫어하게 만든다

공부를 싫어하는 마음을 떨쳐내기 위해서는 마약처럼 중독되는 벼락치기의 악순환에서 벗어나야 한다. 우선 벼락치기가 결코 내 노력에 대비하여 좋은 결과를 주지 않는다는 사실을 명심하자. 더 중요한 점은 벼락치기를 지속하는 한 공부를 싫어하는 마음에서 벗어나는 것이 어렵다는 사실이다. 결국 이런 전략은 장기적으로 준비해야 하는 시험 앞에서는 무참히 무너져버리고 만다. 장기전에서는 벼락치기가 통하지 않기 때문이다.

앞으로 매일 조금씩 공부를 해도 괴롭지 않은 방법들을 익혀 나아가게 될 것이다. 이를 통해 자연스럽게 마약보다 위험한 벼락치기의 굴레에서도 벗어나길 바란다.

Chapter 4
내가
공부한다는
사실을
뇌가
모르게 하라

일단 달리기 시작하면
멈추는 것이
더 어렵다

우리가 공부를 포기하게 되는 가장 큰 이유는 일단 하기 싫다는 감정 때문이다. 하기 싫다는 감정은 사실 복잡한 요인들로부터 나타난다. 이는 공부에 대한 부정적 기억을 지워나감으로써 개선할 수 있다. 하지만 부정적 기억만을 지웠다고 해서 바로 긍정적인 감정이 생기는 것은 아니다. 공부가 여전히 싫지는 않더라도 하고 싶지도 않은 상태에 있을 가능성이 크다.

이럴 때는 우선 가볍게 한 발 내디딜 필요가 있다. 일단 하루에 해야 할 공부량을 10분으로 정하는 것이다. 더도 말고 덜도 말고 단 10분이다. '겨우 10분? 내가 공부를 너무 안 하긴 하지만 그건 좀 나를 무시하는 것 같은데?'라는 생각이 든다면 20분으로 정해도 된다. 어쨌든 전혀 부담이 느껴지지 않고 누가 강요하지 않아도 날마다 그 정도는 할 수 있겠다는 정도의 목표를 잡는 게 핵심이다. 이 목표치는 사람마다 다를 수 있으니 누군가를 참고할 필요도 없다. 현재 자신의 상태를 객관적으로 생각해보고 스스로 결정하면 된다. 그래도 이미 공부를 좀 하는 사람이라면 더 늘려도 되고, 거의 안 하는 사람이라면 10분 정도가 적당하겠다.

이처럼 가볍게 목표를 정하는 이유는 일단 책을 펼쳐서 읽다 보면 더 보게 되는 효과가 있기 때문이다. 헬스장에 등록하여 다이어트를 위해 운동할 때도 사실 헬스장까지 가는 발걸음이 어려운 것이다. 일단, 헬스장에 도착하면 어떻게든 운동은 한다. 반면, 하루에 공부해야 할 목표치가 높으면 높을수록 일단 책을 안 펴게 된다. 오늘 두 시간을 공부하기로 했는데 두 시간 동안 공부할 내 모습을 생각만 해도 지겹고 지루해서 죽을 것 같을 수 있다. 혹은 오늘 다른 용무로 시간을 보내다 보니 공부할 시간이 40분밖에 남지 않은 상태다. 40분 공부하느니 어차피 목표량인 두 시간도 못 채울 것이고 내일 하는 게 낫겠다고 미루게 된다. 혹은 조금만 피곤해도 책을 펴는 것조차 포기하게 된다.

하지만 목표량이 10분이라면 아무리 피곤해도 10분은 볼 수 있을 것이다. 그만큼 10분은 마법의 시간이다. 우선은 하루 10분부터 시작하면 된다. 하루하루 목표치에는 꼭 도달해야 하지만 그 이상을 공부하는 것은 어디까지나 자신의 자유다. 그러니까 10분을 달성했더라도 15분이나 20분까지 공부를 해도 괜찮다. 그리고 매일매일 목표를 달성했는가에 대한 여부를 기록하는 것이 좋다. 작게나마 성취감을 느낄 수 있을 것이다.

지루하다면 시간을 쪼개라

공부 시간에 대해서는 이렇게 조금씩 시작하는 것이 좋다. 이제 도저히 10분으로는 안 되겠다고 생각이 들면 그때는 20분, 30분으로 늘려도 좋다. 하지만 공부에 대한 강박감에서 늘리기보다는 자기 스스로가 감당할 수 있다는 생각이 들 때 늘리는 것이 좋다. 만약 일주일쯤 지나서 30분으로 늘리고 싶은데 계속 집중하는 게 힘들다면 15분씩 쪼개서 하루 두 번에 걸쳐서 해도 된다. 시간을 쪼개는 것도 지루함을 없애는 훌륭한 전략이다.

10분까지는 지루하지 않게 할 수 있었지만 20분, 30분을 넘어 한 시간 이상이 되면 결국 지루하지 않을까? 물론, 지루하다. 그렇기에 앞으로 효과적으로 지루함을 없애는 방법도 소개할 것이다. 또한 자신이 공부하고 있음에도 하고 있지 않다고 자기 자신을 속이는 방법에 관해서도 설명할 것이다. 우선은 가볍게 시작하고 이 책에서 소개하는 방법들을 각각 별개로 생각하기보다는 단계적으로 연결하여 활용한다면 더 효과가 좋다.

'최상의 환경'에 대한 환상에서 벗어나라

이렇게 공부 시간에 대한 부담감을 줄여갈 수 있다. 반면, 공부해야 하는 내용에 대한 부담감 때문에 시작하기 싫을 수도 있다. 나에게 부족한 과목이 너무 재미가 없거나 어려운 것이다. 그러면 결국 책도 펴기 싫어지는 상태가 또다시 찾아온다. 나 역시 그런 적이 있다. 너무 재미도 없고 이해도 잘 안 되는 과목이 있었다. 그러한 경우에는 우선 쉬운 과목이나 좋아하는 과목부터 공부를 시작하는 것이 좋다.

일반적으로 사람들은 관성을 유지하고자 하는 경향이 있다. 나역시 TV를 시청하자면 계속 보게 된다. 그렇게 재미있는 내용이 아니더라도 한 번 보기 시작하면 벗어나는 것이 힘들다. 겨우 멈추는 경우는 중간에 광고가 나올 때다. 아주 재미있는 방송이 나오는 중이라면 광고가 끝날 때까지 기다려서 계속 보게 된다. 반면, 그 정도까지는 아니라면 광고가 나와야 겨우 TV를 끌 수 있다. TV를 끄더라도 머릿속에 잔상이 남는다. 이 잔상은 TV는 안 보지만 공부도 하고 싶지 않게 만든다. 스마트폰도 마찬가지다. 처음에는 가볍게 뉴스 기사를 보다가 점점 연예인 사진이나 유머까지 보고 있다. 어느새한 시간은 금방 지나간다. 한 번 보기 시작하면 멈추기가 쉽지 않다.

하지만 중요한 것은 이를 역으로 이용할 수도 있다는 점이다. 일단, 공부를 시작하면 누구든지 어느 정도 수준까지는 지속할 수 있다. 다만, 처음 시작을 하는 것이 어려울 뿐이다. 그렇기에 좋아하거나 쉬운 것부터 시작하여 진입장벽을 낮춰줄 필요가 있다. 그럼 결국 매일 쉬운 과목만 공부하는 게 아니냐고 반문할 수 있다. 공부하기는 싫어하면서도 벌써 쉬운 과목만 공부하게 될까 봐 걱정하는 것이다. 이는 공부라는 것이 최상의 환경에서 최상의 조건을 갖추고 완벽하게 해나가야 한다는 고정관념을 갖고 있기 때문이다. '공부하려면 모든 과목을 다 잘해야 하는데 한 과목만 잘해도 될까'라고 염려하는 것이다.

하지만 그렇지 않다. 쉬운 과목만 공부해도 된다. 그렇게 공부에 재미를 붙이고 공부 시간을 늘려 나아가다 보면 자연스럽게 다른 과목에도 손댈 수 있는 단계에 오른다. 히말라야에 올라야 하는데 처음부터 정상을 바라본다면 아득할 것이다. 전혀 엄두도 못 낼수 있다. 그런 경우에는 일단 눈앞에 보이는 낮은 산책로부터 시작하면 된다. 그 길을 따라 오르다 보면 자연히 어느샌가 정상에까지도달할 수 있다.

공부할 때는 지레 겁을 먹거나 여러 가정을 세울 필요가 없다. 이런 걱정들이 결국 우리를 제자리에 머물게 만든다. 어렵게 생각할것 없이 우선 시작하고 보자. 일단 시작하면 희미해 보였던 길이 점점 또렷하게 보일 것이다. 분명 예전과는 달라진 자신의 모습에 놀라게 될 것이다.

장소를 바꿔주면

뇌가

지루함을 잊는다

　당신은 미성년자인가? 아니면 이미 술을 많이 마셔본 사람인가? 물론, 둘 다에 해당할 수도 있다. 술을 좋아하는 사람이든 그렇지 않은 사람이든 간에 술자리가 대개 1차, 2차, 3차로 이어진다는 사실은 알고 있을 것이다. 한자리에서 계속 마셔도 되는 술을 굳이 자리를 옮겨가면서 마시는 이유는 무엇일까? 여러 이유가 있겠으나 우리나라에서는 특히 술자리에서 한껏 달아오른 분위기를 유지하는 것을 중시한다. 한자리에 오래 머물다 보면 분위기가 처지거나 지루해지는데, 이를 방지하기 위해 새로운 장소로 옮기는 경우가 많다.

　이처럼 장소를 옮기는 것은 밥 먹을 곳을 정할 때도 마찬가지다. 오늘은 패스트푸드점에서 햄버거를 먹었다면 내일은 오늘과 다르게 분식집에서 떡볶이를 먹고 싶은 것이 사람 심리다. 매일 똑같은 음식을 점심으로 먹는다면 누구나 쉽게 질릴 것이기에 되도록 새로운 장소에서 새로운 음식을 먹으려고 한다.

잘 생각해보면 우리가 하는 모든 것이 그렇다. 데이트 장소도 계속 다양한 곳을 찾아다니게 되고, 가족 외식을 하더라도 새로운 장소와 음식을 찾아 나선다. 이처럼 우리는 본능적으로 같은 장소에서 같은 행위를 반복하는 것을 그리 좋아하지 않는다. 그럼에도 공부에서는 항상 같은 공간에서 해야 한다고 생각하는 사람이 많다. 예컨대 독서실에 등록했다면 계속 같은 독서실에서 끝없이 공부해야 한다. 집에서 공부하기로 마음먹었다면 계속 자신의 방에 갇힌 채로 책을 들여다보아야 한다.

여기서 무엇인가 이상하다고 생각되지 않는가? 유독 왜 공부만 항상 같은 곳에서 같은 방식으로 해야 하는가? 이런 공부에 대한 고정관념에서 벗어나는 것이 공부의 지루함을 없앨 획기적인 방법이다. 대개 어른들은 "네가 공부를 못하니까 이것저것 따지지. 그냥 독서실 가서 참고 공부해. 다 그렇게 하는 거야"라고 말할 것이다. 마치 반찬이 매일 똑같아서 지겹다는 자식에게 "네가 배가 불러서 반찬 투정을 하는 거지. 우리 때는 김치만 있었어도 밥 한 공기 뚝딱 해치웠어"라고 말하는 것과 같다.

생각보다 지루함을 덜 느껴서 잘 참고 견뎌내는 사람들도 있다. 분명 그런 사람 중 공부를 잘하는 이가 많은 것 또한 사실이다. 하지만 전교 1등이 그렇게 한다고 모두가 그래야 할 필요는 없을뿐더러 나에게 맞지 않는 방법을 억지로 따를 필요도 없다. 그 사람들은 그렇게 타고났기 때문에 잘 견뎌낼 뿐이다. 하지만 나는 지루한 것은 못 참게 태어난 것이다. 그렇게 힘들게 따라서 하지 않아도 나에게 가장 적합한 방법만 찾아낸다면 얼마든지 나만의 방식으로 좋은 성적을 낼 수 있다.

순식간에 집중력을 회복하는 방법

우리가 어떤 행위를 하든 간에 처음에는 어수선하고 산만하다. 이것을 1단계라 칭하자. 1단계를 넘어가면 집중할 수 있는 2단계에 이르게 된다. 집중 가능한 시간은 사람마다 다르다. 여기서 또 시간이 흐르면 다시 지루해지고 산만해지는 3단계가 나타난다. 우리가 장소를 바꿔주는 이유는 지루해지기 시작하는 3단계에 도달할 때마다 다시 집중할 2단계로 돌아가게 해주기 위해서다.

집중력이 약하거나 아직 공부하는 데 익숙하지 않은 사람일수록 장소를 바꿔주는 것이 효과적이다. 내 경우는 세 시간 정도까지는 한 장소에서 공부해도 괜찮은 편이지만 그게 힘든 공부 초보자인 경우는 한두 시간마다 자리를 바꿔보는 것도 좋다. 물론, 나 역시 세 시간 동안 쉬지 않고 공부를 한다는 것은 아니다. 중간에 한두 번 정도 쉰다. 내가 활용하는 공부 패턴은 시험 준비를 할 때 세 시간 정도 스터디 카페에서 공부한다면 나머지 공부는 집에 와서 하는 식이다. 하루에 공부해야 하는 양이 네 시간 정도라면 두 시간씩 두 장소로 쪼갤 수도 있다.

밖에서 공부하는 것이 여의치 않다면 집에서도 장소를 바꿔줄 수 있다. 자기 방에서 공부하다가 거실로 나와 할 수도 있다. 물론, 거실에서 누가 TV를 보거나 하는 경우처럼 집중에 방해가 되는 장소는 제외다. 공부 유형 중 필기가 필요하거나 여러 권의 책이 필요한 경우에는 책상이 있는 곳에서 하는 게 좋다. 꼭 공부방 책상이 아니라 접이식 책상이나 식탁이라도 상관없다. 그러나 이미 정리한 내용을 복습하거나 암기하는 경우에는 책상 없이 책이나 노트 한 권만 있어도 공부할 수 있다. 이런 경우에는 장소에 구애받지 않고 비교적 자유롭게 공부할 수 있다. 이렇게 장소를 바꿔주는 것만으로도 집중력이 떨어지는 것을 효과적으로 방지할 수 있다.

특히 자신이 좋아하지 않는 장소에서는 오래 공부할 필요가 없다. '남들도 다 참고 하는데 나만 유난인가'라는 생각은 절대 할 필요 없다. 사실, 나는 많은 사람이 숨 막힐 듯이 가득한 공간에서 공부하려 하면 진짜 숨이 막힌다. 게다가 딱딱한 책상과 의자로 가득 찬 구식 독서실 분위기는 생각만 해도 답답하다. 이런 공간은 가능하면 피하거나 꼭 앉아 있어야 한다면 한 시간 정도만 공부한다. 내가 좋아하는 장소에서 오래 공부하기 전에 한 시간 정도 워밍업을 하는 공간으로 쓰는 것이다.

공부와 좋은 관계를 유지하는 법

공부할 때 장소 이동을 하다 보면 시간이 낭비되는 측면이 있지 않냐고 반문할 수 있다. 맞는 말이다. 한곳에서 오래 할 수 있다면 그 자리에서 계속하는 것이 가장 좋다. 하지만 자신은 한자리에서 계속 집중을 못 하면서 시간을 낭비하는 게 아깝다는 핑계로 그 자리에서 딴짓하는 사람이 대다수다. 하루에 네 시간 정도를 공부해야 한다면 두세 시간 정도 공부한 후에 장소를 옮겨 분위기를 환기할 수 있다. 지루함을 해소하기 위해 좀 길게 쉬어줄 타이밍에 장소 이동을 하면 된다. 오늘 공부할 양이 네 시간 분량이라면 스터디 카페에 가서 네 시간 동안 앉아 있을 생각에 가기부터 싫어질 수 있다. 하지만 두세 시간만 하고 끝내기로 하면 더 집중하여 공부할 수 있다. 나머지 시간은 집에서 마무리할 수 있다.

학교나 직장을 마치고 집으로 가는 길에 있는 스터디 카페나 독서실 등을 활용할 수도 있겠다. 어차피 가는 길이므로 중간에 들러 공부를 하면 시간상 크게 낭비되는 측면이 없다. 약간 돌아가더라도 30분 정도 범위 내라면 크게 문제가 없다고 생각한다.

스터디 카페에 다니면 비용 부담이 생길 수 있다. 하지만 독서실 비용이나 스터디 카페 비용이나 큰 차이가 없다. 독서실을 등록하는 건 공부를 위한 것이라 아깝지 않은데, 스터디 카페에서 커피값을 내는 건 왠지 정석대로 공부하는 것 같지 않아 유독 아깝게 생각하는 사람이 있다. 하지만 이 역시 편견일 뿐이다.

집에서는 절대 공부가 안 된다는 부류도 있다. 이들은 보통 밖에 나가 공부를 하는 편이다. 물론, 밖에서 하는 것도 좋다. 하지만 집에서까지 할 수 있다면 두 곳 이상의 장소가 확보된 것이기에 집중력이 떨어질 때 효율적으로 장소를 전환할 수 있다. 집에서 공부가 안 되는 경우는 대개 TV, 컴퓨터, 스마트폰 등 공부보다 재미있는 유혹거리가 많기 때문인 경우가 많다. 이럴 때 하루아침에 집에서 공부할 수 있게 되기란 쉽지 않다. 하지만 이 책에서 설명하는 바처럼 우선 공부에 대한 부정적인 기억과 감정을 없애고, 공부하고 있는 자기 자신을 속이거나 공부 자체를 놀이로 느끼는 단계까지 올라선다면 집에서도 얼마든지 공부할 수 있다.

마음이 잘 안 맞는 사람과 잘 지내려 하다 보면 결국 다투거나 멀어지는 경우가 많다. 공부도 마찬가지다. 나와 잘 맞지 않는 장소는 피하는 것이 좋다. 그래야 공부와 오래도록 좋은 관계를 유지할 수 있다. 공부나 데이트 장소가 항상 같아도 그에 권태를 느끼고 지루해질 수 있다. 적어도 두 곳 이상 자신이 좋아하는 공부 장소를 만들어둔다면 공부의 지루함을 덜어줄 뿐만 아니라 능률 또한 훨씬 오를 것이다.

자유롭게 공부하는
스터디 노마드가 되라

전 세계를 떠돌며 자유롭게 일하면서 살아가는 사람들에 대해 들어본 적 있는가? 흔히 '디지털 노마드'라 불리는 사람들이다. 여기서 '노마드'란 과거의 유목민을 뜻한다. 디지털을 붙인 것은 온라인을 통해 일하면서 장소에 구애받지 않고 전 세계를 무대로 살아가는 현대적 유목민을 의미하기 때문이다. 대개 컴퓨터 프로그래머나 유튜버, 블로거, 여행 작가 등이 이러한 삶을 살아가고 있다. 한 직장에 얽매여 평생 같은 곳으로 출퇴근하는 사람들에게는 꿈같은 이야기다. 하지만 이미 많은 디지털 노마드가 전 세계의 살기 좋은 도시들을 누비며 살아가고 있다.

노마드들은 주로 카페나 코워킹 스페이스라 불리는 공간에서 노트북을 가지고 일한다. 그들이 작업하는 공간은 잔잔하게 음악이 흘러나오기도 하고 음악 없이 조용하기도 하다. 사람들 간 떠드는 소리가 들리는 곳도 있고 조용히 자신의 작업만 하는 공간도 있다. 어떤 사람은 음악이 나오고 약간씩 이야기를 나눌 수 있는 곳에서 능률이 오르는 반면, 어떤 사람은 아주 조용한 곳을 원하기도 한다. 사람마다 취향의 차이가 발생하는 것은 당연하다. 중요한 것은 일하는 곳의 분위기를 노마드들이 스스로 결정한다는 사실이다.

나만의 스터디 노마드 지도를 그려라

공부도 일과 다를 바 없다. 자신에게 최적의 능률을 보일 수 있는 곳은 사람마다 다르다. 우리도 스스로 원하는 곳을 찾아가는 스터디 노마드가 될 수 있는 것이다. 물론, 아직 고등학교 졸업 이전이라면 현실적인 제약이 있을 수 있다. 하지만 대학생이나 직장인이라면 공부를 위해 좀 더 넓은 행동반경을 가질 수 있다.

내 경우, 여러 스터디 카페나 조용히 공부할 수 있는 카페들을 다녀보면서 나에게 최적인 공간을 찾아냈다. 음악이 나오는지, 음악의 볼륨, 선곡, 탁 트인 유리창이 있는지, 커피의 맛, 의자의 편한 정도, 정숙 정도 등 내가 고려하는 요인은 다양하다. 마음에 드는 곳이 생겼다면 계속 그곳에서 공부하면 된다. 하지만 노마드라는 말 자체가 유목민 아닌가? 어떤 이유에서든 싫증이 났다면 다른 곳으로 옮기면 된다. 또한 더 조용한 곳에서 고도의 집중이 필요한 날과 약간의 음악이 흘러나오기를 원하는 날 등 그날 컨디션에 따라 다른 곳에서 공부할 수도 있다. 이렇게 나만의 스터디 노마드 지도를 만들어볼 수 있다.

사실 우리나라에서는 공부나 운동은 참으면서 해야 한다는 인식이 강했다. 그래서 독서실이나 헬스장도 지하에 위치하거나 밖을 볼 창문이 없는 경우도 많다. 하지만 해외에 나가 보면 초록의 자연이 보이는 풍경 안에 헬스장이 있고 스터디 카페에서 노을 지는 모습도 볼 수 있다. 과연 어떠한 환경에서 의욕이 살아나고 더 즐겁게 공부할 수 있을까? 스터디 노마드가 된다면 공부 자체도 하나의 재밋거리가 될 수 있다.

오감을 이용하여
지루할 틈이 없게 하는 방법

왜 공부가 하기 싫은가? 어려워서, 지루해서, 재미없어서 등 공부가 하기 싫은 이유는 다양하다. 내 경우는 지루함, 적막감 등이 공부하기 싫은 가장 큰 이유다. 만약 내용 이해가 잘 안 되어서 그런 것이라면 교재의 수준을 낮추거나 학원, 과외, 인터넷 강의 등의 도움을 받을 필요가 있다.

하지만 많은 이가 공부하는 데 어려움을 겪는 부분은 이해가 안 되서라기보다는 본인 의지의 문제이다. 마음만 먹으면 질 좋은 강의는 얼마든지 구할 수 있다. 실질적으로 가장 큰 문제는 공부하기로 해놓고 뒤로 미루거나 하기 싫어 안 하는 것이다. 상위 0.1퍼센트에 속하는 사람들의 합격 후기를 읽는 것은 사실 큰 도움이 되지 않는 경우가 많다. 서울대 의대에 합격한 학생들이 남들보다 강한 의지와 인내력을 지녔다는 말 또한 나와는 상관없는 이야기로 들릴 뿐이다.

그렇다면 결국 가장 좋은 방법은 공부를 안 하면 된다. 하기 싫은 것을 억지로 한다는 게 즐거울 리 없지 않은가? 하지만 그래도 공부를 꼭 해야만 한다면 적어도 공부한다는 사실을 뇌가 잘 인지하지 못하게 하는 방법이 있다. 나 자신을 속여서 안 하는 척하는 것이다.

20대 초반 시절, '어둠 속의 대화'라는 체험전에 참여한 경험이 있었다. 그 프로그램에서는 아무것도 보이지 않는 캄캄한 공간 안으로 들어가야 했다. 그 안에서 우리를 이끌었던 인도자는 주변 소리나 촉감에 집중하라고 했다. 물소리가 들리고 새소리가 들리니 보이지는 않았지만 마치 산속 계곡에 와 있는 기분이 들었다. 사실 서울에 있는 고층 빌딩 안에 있었지만 말이다. 우리는 한 가지 감각을 통제당하면 나머지 감각들이 더 활성화되는 경험을 한다. 여기서는 시각을 통제당하니 청각, 후각, 촉각 등이 살아난 것이다.

여러 감각을 사용할수록 지루함이 줄어든다

이처럼 사용하는 감각을 줄일수록 나머지 감각에 더 집중하게 되는 효과가 나타난다. 우리가 공부할 때 주로 사용하는 감각은 시각이다. 공부만 하면 지루함이 몰려오는 이유는 시각이라는 감각에 모든 것이 집중되었기 때문이다. 사실 이것이 공부에 집중하는 데는 더 좋을 수 있다. 하지만 그와 동시에 우리를 지루함으로 이끄는 것이다. 여기서 역발상을 해볼 수 있다. 공부할 때 반대로 우리가 지닌 청각, 미각, 촉각, 후각 등 다양한 감각을 같이 사용하는 것이다. 공부에 방해가 되지 않는 수준에서 적절하게 오감을 활용한다면 한 가지 감각만 사용할 때보다 지루함이 훨씬 줄어들 수 있다.

청각을 활용하는 대표적인 방법은 음악을 듣는 것이다. 그 밖에도 기분이 좋아지는 향을 맡는 것처럼 후각을 활용할 수도 있고, 무엇인가를 먹으면서 미각을 활용할 수도 있다. 예컨대 잔잔한 음악과 더불어 좋은 향 가득한 커피 한 잔을 음미하며 아름다운 풍경을 지닌 장소에서 공부한다면 후각, 미각, 시각, 청각 등을 다양하게 활용할 수 있는 셈이다. 이렇게 다른 감각들을 사용한다고 해도 시각과 뇌를 통해 공부하는 데는 별다른 지장을 주지 않는다. 오히려 지루함을 덜어내기에 더 오래 공부할 힘이 생긴다. 내가 침대에 눕거나 등받이 베개에 기대 공부하는 걸 좋아하는 것 역시 부드럽고 편안한 촉각을 느끼며 공부하고 싶었기 때문이다.

다리를 떨면서 공부하는 학생들도 있다. 내가 어렸을 때는 다리를 떨면 재수가 없다고 어른들이 떨지 못하게 했다. 하지만 다른 사람들에게 방해가 되지 않는다면 다리를 떨면서 공부하는 것도 지루함을 없애는 방법이 될 수 있다. 또한 실제로 무엇인가를 먹거나 마시면서 공부하면 그냥 공부만 할 때보다 지루함이 줄어든다. 계속 먹으면 살이 찔까 봐 부담스럽다면 작게 포장된 견과류를 조금씩 먹으면서 공부하는 것도 좋다.

공부에 대한 고리타분한 고정관념에서 벗어나라

중요한 것은 생각의 폭에 한계를 둘 필요가 없다는 것이다. 공부할 때는 어떻게 해야 한다는 기존의 패러다임에서 벗어나야 한다. 그 생각의 한계 때문에 어쩔 수 없이 지루함을 견뎌온 것이다. 이제 그렇게 하지 않고도 얼마든지 더 편안한 마음으로 공부할 수 있다.

오감을 통해 지루함을 줄일 방법은 생각보다 많다. 앞서 예시로 든 것들 외에도 자신에게 맞는 방법을 찾으면 된다. 오감 중에 자신에게 발달하거나 민감한 다른 감각을 활용하는 것도 좋다. 우선, 머릿속으로 상상을 해보아라. 나는 어떤 상황에 놓여 있을 때 마음이 안정되고 기분이 좋아지는가? 여러 실험을 해보면서 자신에게 최적의 환경을 만드는 것이 중요하다.

공부라는 걸 그냥 열심히 하면 되지, 이렇게까지 유난을 떨어야 하냐고 불만을 터뜨릴 수도 있겠다. 그렇다면 그냥 열심히 하면 된다. 누구도 강요하지 않는다. 그런데 내가 지켜봐온 대다수 사람은 그냥 열심히 하는 것을 매우 어려워한다. 잠시도 집중을 못 해 금방 책을 내려놓고 딴생각을 하거나 스마트폰을 만지작거린다. 아니 시작조차 못한다. 그렇기에 처음에는 다소 번거롭더라도 자기 자신마저 속일 방법을 만들어놓을 필요가 있다. 그것은 자신이 좋아하는 감각을 자극할 수 있어야 한다. 일단 자신에게 맞는 방법을 한번 찾아놓기만 한다면 더 이상의 노력 없이 계속 활용할 수 있다. 평생 남들보다 편안하게 오랜 시간을 공부해 나아갈 수 있는 것이다.

'나는 지금 공부하지 않고 있다'고
뇌를 속여라

'음악을 들으면서 공부를 해도 될까요?'

네이버 지식iN에 10년 넘게 등장하는 질문이다. 공부할 때 음악을 듣는 것에 대해서는 사실상 과거부터 많은 논쟁이 있었다. 내가 고등학생일 때만 해도 학교 독서실에서 이어폰을 꽂고 음악을 듣는 것이 허용되지 않았다. 한번은 음악을 듣고 있다가 교감 선생님에게 뒤통수를 맞기도 했다. 그 당시 음악은 무조건 집중에 방해된다고 생각하는 어른이 많았으므로 음악을 들으면서 공부한다는 것 자체가 금기이다시피 했다. 그래서 집에서는 종종 음악을 들으면서 공부했지만 학교에서는 들을 수 없었다.

하지만 음악은 공부의 지루함을 없애주는 데 사실상 가장 좋은 수단이다. 더 나아가 내가 공부하고 있다는 사실 자체를 속여버리는 단계까지 도달할 수 있게 해준다. 높은 경지에 도달하면 나는 사실 공부를 하는 게 아니라 음악 감상을 한다고 자기 자신을 속일 수 있는 것이다.

예컨대 당신이 지금 음악을 들으면서 공부한다고 가정해보자. 분명 공부가 중심이라 생각할 것이다. 하지만 지금 공부를 하면서 동시에 음악을 듣고 있는 것이기도 하다. 평소에 좋아하고 기분이 좋아지는 음악을 듣고 있다면 사실 나는 음악 감상을 하고 있는데 부수적으로 공부하는 것이라 볼 수도 있다. 무엇이 중심이고 무엇이 부가적인지는 내 마음이 결정하는 것이다. 그렇다면 부가적인 것 때문에 스트레스를 받게 될까? 음악이 마음속에서 중심이 되면 공부에 대한 부담도 자연스레 줄어든다.

음악을 듣기에 너무나도 좋은 세상

요즘에는 스터디 카페에서 음악을 틀어주기도 한다. 그뿐만 아니라 집에서 음악을 듣기에도 좋은 환경으로 바뀌었다. 가장 좋은 방법은 유튜브 활용이다. 30대 중반에 두 번째 수능을 준비할 때 자주 들었던 노래들은 지브리 애니메이션 OST였다. 원래 지브리 애니메이션을 좋아했고 잔잔한 음악은 공부의 지루함을 달래주는 좋은 친구였다. 유튜브에서는 얼마든지 다양한 음악을 찾을 수 있다. 내가 들었던 노래들은 세 시간가량 연속으로 재생되었는데 공부를 하다가 한 시간마다 잠깐씩 쉬고 그때마다 음악도 같이 멈추었다. 이렇게 음악을 틀어놓고 공부하면 공부 시간을 체크하는 데도 유용하다. 내가 들은 음악의 길이만큼 공부한 셈이다.

20대 초반, 해외 여행을 갔을 때 여행지에서 매일 들었던 노래는 그룹 엠 플로의 것이었다. 한국에 돌아와서도 우연히 그 노래를 듣게 되면 당시의 풍경이 떠오르곤 했다. 음악이란 이처럼 특정 시기의 기억을 저장하기도 한다. 공부에서도 마찬가지다. 매번 공부할 때마다 몇 종류의 동일한 음악들을 듣다 보면 해당 음악을 틀었을 때 저절로 공부 분위기가 형성되기도 한다.

특정 음악에 대해 부정적인 감정이 생기기 시작한다면 음악을 바꿔주는 것이 좋다. 예전에 좋아하는 노래를 아침 알람시계의 음악으로 설정한 적이 있다. 좋아하는 음악을 들으면서 아침에 기분 좋게 일어나고 싶었기 때문이다. 하지만 정반대의 결과가 나왔다. 보통 아침에는 일어나기 싫은 상황에서 억지로 깨야 하는 경우가 많다. 결국 이런 과정이 반복되면서 그 상황에서 듣는 음악마저 싫어하게 되어버렸다. 원래 좋아하던 음악이 가장 혐오하는 음악이 되어버린 것이다. 가장 좋은 방법은 공부하는 상황에 부정적인 감정이 개입되지 않게 잘 조절하는 것이다. 하지만 그런 감정이 스며들었다면 과감하게 음악을 바꿔주는 것이 좋다.

유튜브를 통해 음악을 들을 때의 장점은 내가 자주 듣는 음악들을 바탕으로 유튜브에서 내가 좋아할 만한 음악을 추천해준다는 것이다. 취향에 맞는 음악들을 몇 개 찾았다면 그 이후 다양한 음악으로 확장하는 게 한결 쉬워진다. 가능하면 광고가 거의 나오지 않는 것을 선택하는 게 좋다. 한 시간에 한 번 정도 광고가 나오는 것이라면 해당 타이밍에 잠깐 휴식을 취할 수도 있으니 괜찮은 편이다. 또한, 유튜브 프리미엄으로 업그레이드하지 않는 것을 추천한다. 업그

레이드하지 않으면 음악을 듣고 있을 때 스마트폰으로 다른 작업을 할 수 없다. 카톡이나 웹 검색 등 다른 작업을 하고자 하면 음악은 꺼진다. 따라서 스마트폰으로 음악을 켜놓음으로써 공부 대신 딴짓을 못 하게 하는 효과도 있다.

음악을 들을 때 지키는 세 가지 원칙

음악을 들으라고 해서 시끄러운 클럽 음악을 방 안이 울리도록 큰 소리로 들으라는 말이 아니다. 나는 공부하면서 음악을 들을 때 세 가지 원칙을 지키고 있다. 우선, 이어폰 대신 스마트폰의 스피커나 블루투스 스피커를 이용해 음악을 틀어놓는다. 이어폰을 끼고 들으면 음악의 비중이 더 커지고 음악에 집중하는 느낌을 받게 된다. 음악은 사실상 배경으로 깔아놓는다는 의미가 강하기에 가능하면 이어폰은 사용하지 않고 있다. 또한 스마트폰이나 스피커의 위치도 다소 떨어뜨려 놓는다.

두 번째로, 음악의 종류를 고를 때 가사가 없는 것을 선택한다. 가사가 없는 음악이 아무래도 집중을 방해하지 않는 편이다. 가사가 있더라도 우리말 가사보다는 외국 노래가 집중에는 도움이 된다고 느껴진다. 내가 자주 가는 스터디 카페에서는 영어 가사로 된 음악이 나온다. 하지만 집에서 혼자 공부할 때에는 아예 가사가 없는 것만 택하고 있다.

마지막으로 음악의 볼륨 또한 평소보다 크지 않은 것이 좋다. 어쨌거나 귀에 거슬린다는 느낌이 든다면 문제가 있는 것이다. 평소에 음악만 들을 때보다 비교적 작게 틀어놓는 편이 좋다.

물론, 모의고사를 보거나 시간을 재면서 실전처럼 문제를 풀 때는 음악을 끄는 것이 좋다. 하지만 해설을 확인하거나 문제를 다시 풀어보는 과정에서는 음악을 활용할 수 있다.

음악을 이용하여 공부에 대한 진입장벽을 낮춰라

여러 조건이 있다 보니, 아예 꺼버리는 것이 집중에 가장 좋지 않냐고 반문할 수도 있다. 사실 이것은 집중력과 지속력 간의 문제이다. 물론, 음악을 켜지 않고도 오랜 시간 잘 집중할 수 있는 사람이라면 듣지 않는 것이 가장 좋다. 하지만 예를 들어, 음악을 듣지 않고는 30분 만에 지루해하는 사람이 있다고 하자. 만약 음악을 들으면서 공부 시간을 60분으로 늘릴 수 있다면 음악으로 말미암아 효율성이 다소 떨어졌더라도 더 공부를 할 수 있게 된다. 집중력이 만약 80퍼센트로 떨어지더라도 지속력은 200퍼센트로 증가한 것이다. 내 경우는 음악을 듣더라도 집중력이 거의 그대로 유지된다.

게다가 더 중요한 점은, 30분 만에 지루해하는 사람들은 사실 아예 공부를 시작하지도 않는 날이 많다는 것이다. 공부할 생각만 해도 마음이 답답해지기 때문에 책을 펴지조차 않는다. 이럴 때 음악을 통해 공부에 대한 진입장벽을 낮출 수 있다면 그것만으로 어마어마한 효과를 본다.

요컨대 내가 실천하기 어려운 가장 이상적인 상황 속에서 공부하려 하지 말고 나에게 가장 도움이 될 현실적인 방법을 선택하자.

음악을 통해 공부 시간과 횟수를 늘린 예시

상황	음악 없이 공부한 경우	자신에게 맞는 음악을 들으며 공부한 경우
공부 시간	30분	60분
집중력	100%	80%
공부해야겠다고 마음먹고 실제 공부한 횟수(중요)	10회 중 2회	10회 중 5회
총공부량	1	4

음악을 통해 공부량이 4배 증가하는 효과

운동 중 허리나 무릎을 심하게 다친 사람은 이후 운동을 기피한다. 그러면서 운동해봤자 몸만 다친다고 가만히 있는 게 더 건강에 좋다고 말한다. 하지만 그것은 운동 방법이 잘못되었기 때문이지, 운동 자체의 잘못이 아니다. 음악도 마찬가지다. 음악을 들으면서 공부하라는 것은 산만한 환경을 조장하는 게 아니다. 어떻게 듣느냐에 따라 약이 될 수도, 독이 될 수도 있다. 적어도 내가 말한 세 가지 원칙만 잘 지킨다면 음악은 공부하는 데 지루함을 달래주는 약이 될 것이다.

의욕을 높여주는 음악은
따로 있다

유튜브를 보다 보면 수십 장의 사진만 이용하여 만든 영상도 있다. 하나의 사진당 2~3초 정도씩 노출이 되고 다음 사진으로 넘어가는 방식이다. 그러한 영상을 만들어본 경험이 있는가? 이러한 영상을 만들어본 사람이라면 한 번쯤 느꼈을 것이다. 배경음악 없이 영상만 볼 때는 별다른 느낌이 없지만 사진과 어울리는 음악을 깔아놓으면 별것 아닌 사진까지 멋져 보이고 감동적으로 보인다는 것을. 그만큼 음악이 지닌 힘은 강력하다.

서양인들은 일하거나 공부할 때 음악을 듣는 경우가 많다. 카페에도 노트북을 들고 와서 자기 일을 하는 사람이 많다. 서양인들에게 카페에서 음악까지 들으며 일하면 효율이 떨어지고 집중도 못 한다고 욕할 것인가?

얼마나 효율적으로 일하는지 측정할 때 거론되는 것 중 노동생

산성이라는 개념이 있다. 일반적으로 우리나라보다 서양 선진국들의 노동생산성이 훨씬 높다. 같은 시간에 더 효율적으로 일할 줄 아는 사람들임에도 그런 방식을 선호한다는 것이다. 구글 같은 회사가 창의성을 높이기 위해 사무실 공간을 놀이터처럼 자유롭게 바꾸는 것도 같은 이유다. 일이나 공부나 모두 마찬가지다. 우리의 환경을 자유롭게 바꿔줌으로써 오히려 능률이 오를 수 있다.

자신에게 딱 맞는 음악을 찾는 방법

자신에게 맞는 음악을 찾기 위해서는 우선 다양한 종류의 음악을 들어봐야 한다. 듣자면 의욕을 북돋아주는 음악이 있다. 혹은 마음을 편안히 해주고 집중을 도와주는 음악도 있다. 사람마다 음악에 대한 취향이 다르므로 자신이 스스로 찾을 수밖에 없다. 처음부터 바로 마음에 드는 음악이 나타나지 않을 수도 있다. 하지만 그 노력을 멈추지 마라. 일단 도입부만 조금 들어보면 바로 알 수 있다. 도입부 5~10초간 무언가 지루하고 느낌이 오지 않는다면 즉시 다른 음악으로 넘겨라. 그렇게 여러 차례 수일에 걸쳐 반복하다 보면 원하는 음악을 발견할 수 있을 것이다. 그렇게 하나하나 나만의 재생 목록을 늘려가기를 추천한다. 되도록 50분 이상이 되는 클립을 추천한다. 노래 한 곡 분량인 5분짜리 클립들을 듣고 있으면 음악이 자주 바뀌고 광고도 자주 나올 가능성이 있다. 클립 하나의 길이가 자신이 쉬지 않고 집중할 수 있는 시간만큼은 되는 것이 좋다.

유튜브에서 음악을 선곡할 때에는 다양한 검색어를 활용할 수 있다. 내가 자주 검색하는 단어들을 예로 들자면, uplifting, motivation, lounge, jazz, animation ost, cafe music, study music 등이다. 검색어를 영어로 입력할 때 선택의 폭이 넓어지나 한글로 입력했을 때 검색되는 음악도 점차 늘고 있다.

예전에는 원래 좋아하는 음악 장르인 재즈나 애니메이션 OST를 많이 들었다. 최근에는 기분을 전환하고 의욕을 북돋아주는 음악을 많이 듣고 있다. 다양한 음악을 듣다 보면 좋아하는 악기 소리도 생긴다. 나는 첼로 소리를 좋아해서 가끔 듣는데 그렇다고 클래식을 듣는 것은 아니다. 요즘에는 클래식 악기를 활용하여 최신 음악을 연주한 클립도 많다. 음악을 찾다 보면 세상 사람들의 취향이 정말 다양하다는 것을 새삼 깨닫곤 한다.

우울증에 걸린 사람도 정신과에서 약을 처방받으면 온종일 기분이 좋아지는 경우가 있다고 한다. 음악 역시 약과 같다. 어떤 음악을 듣고 있으면 무언가 열심히 해봐야겠다고 자극을 주는 음악이 있다. 이런 음악과 함께라면 공부의 지루함이 절반 이상으로 줄어들 것이다. 우울한 날, 짜증이 나는 날, 화나는 날 등 그날 기분에 맞는 곡들까지 찾아둔다면 공부하는 데 든든한 조력자가 될 것이다.

내가 자주 듣는 음악 목록은 다음과 같다.

▶ 애니메이션 음악 : 지브리 애니메이션 OST, 초속 5cm ost
▶ 악기 연주곡 : 이루마 Piano, Chello music
▶ 장르별 음악 : Jazz, Jazz hiphop, Cafe, Lounge, Study
▶ 검색 단어 : uplifting, motivation, relaxing

선풍기를 이용하여
성적 올리기

어렸을 때 집에 에어컨이 없어 여름날에는 선풍기를 틀어놓고 공부하곤 했다. 그런데 이상한 점이 하나 있었다. 선풍기를 틀고 공부를 하면 유독 평소보다 집중이 잘되는 느낌을 받았다. 처음에는 단지 기분 탓인가 생각하였으나 꼭 그런 것 같지도 않았다. 그 이유가 무엇인지 아무리 생각해보아도 알 수 없었다. 공부할 때 적막하고 적적한 분위기를 싫어하는데 선풍기 날개가 돌아가는 소리가 그런 기분을 줄여주어서 그런 건가라고 생각하기도 했다. 하지만 누군가에게 말해봤자 이상하다는 말만 들을 것 같아 혼자만 생각했다. 이렇게 여름 동안 더 집중을 잘할 수 있었기에 유독 가을에는 시험 점수가 잘 나오곤 했다.

당시에는 잘 몰랐으나 그로부터 15년도 더 지나 'ASMR(자율 감각 쾌감 반응)'이라는 용어를 알게 되면서 깨달았다. ASMR은

Autonomous Sensory Meridian Response을 줄인 말로, 쉽게 말해 일상 소음 같은 것이다. 시냇물 흐르는 소리나 나뭇잎 바삭거리는 소리 등이 그 예다. 이 같은 백색소음은 심리적 안정을 가져오고 집중력 향상에 도움을 준다. 그때 규칙적으로 돌아가는 선풍기 날개 소리가 묘하게 마음을 안정되게 하고 집중력 향상을 도운 것이다.

이처럼 생활 속 소리를 이용하여 공부를 돕는 것은 얼마든지 가능하다. 특히 유튜브 등 인터넷 매체를 활용하면 다양한 소리를 들으면서 공부할 수 있다. 내 경우 어렸을 때 빗소리를 들으면서 책 읽는 것도 좋아했다. 요즘에는 쨍한 날에도 유튜브에서 빗소리를 검색하여 틀어놓고 공부할 수 있다. 다만 ASMR 소리 중에는 마음을 편안하게 만들어 잠들 때 도움을 주는 것들도 있으므로 선별하여 활용하자. 또한 사람의 목소리 역시 그 내용에 빠지게 만들 수 있으므로 집중에 방해되는 것들은 멀리하는 게 좋다.

음악은 단조로움 없는 공부를 가능케 할 수 있다. 오늘 두 시간을 공부해야 한다고 해보자. 처음 50분 정도는 음악을 들으면서 하다가 잠깐 쉰다. 다시 30분 정도는 아무 소리 없이 집중하여 공부하다가 마지막 30분은 빗소리를 들으면서 마무리할 수 있다. 이처럼 음악으로 공부하는 데 얼마든지 재미 요소를 줄 수 있다. 단조롭지 않고 가장 맛있게 공부하는 방법을 스스로 만들어보는 것이다.

공부는
코스요리가 아니라
간식이다

지금까지 이야기한 방법들을 통해 공부에 대한 부담감이 어느 정도 줄었기를 바란다. 하지만 공부라고 하면 여전히 마음의 준비를 마친 후에 시작해야 한다고 어려워하는 사람이 많을 것이다.

예컨대 오후 5시에 외출할 일이 있다고 가정해보자. 지금 시간이 4시 40분이라면 대부분 스마트폰을 보거나 잠깐 TV를 보면서 시간을 때우다가 나갈 것이다. 독서하기 위해 책을 집어 들거나 공부하는 사람은 거의 없다. 즉, 많은 사람에게 잠깐 시간을 때우기 위한 수단은 오락거리인 경우가 많다. 공부는 한 번에 한 시간 이상 길게 할 수 있는 경우가 아니라면 굳이 잠깐씩 할 것까지는 아니라 생각한다. 부모님도 이렇게 말씀하실 수 있다.

"여태 공부 안 하고 놀다가 몇 분 되지도 않는데 지금 뭘 또 보려고!"

하지만 이러한 사고방식 역시 공부는 무언가 본격적인 상황에서 각 잡고 시작해야 하는 것으로 생각하게 만든다.

우리가 유명한 프랑스 코스요리를 먹기 위해 미슐랭에 소개된 레스토랑에 방문한다고 생각해보자. 그 레스토랑은 드레스 코드가 있어 아무 옷이나 입고 갈 수도 없으므로 격식을 갖춘 옷을 챙겨입어야 한다. 그러다 보면, 옷뿐만 아니라 머리 손질이나 화장에도 더 신경을 쓰게 되고 가기 전부터 준비할 것이 많다.

반면, 집에서 TV를 보면서 간식을 먹는다고 생각해보자. TV를 보고 있던 상황에서 손에 과자 봉지가 쥐어졌다는 사실 말고는 바뀐 것이 없다. 집에서 간식을 먹는데 머리 스타일을 바꾸거나 옷을 갈아입을 필요는 없는 것이다.

공부라는 것은 간식처럼 가볍게 생각해야 더 쉽게 접근할 수 있다. 하지만 많은 이가 공부를 코스요리처럼 무거운 것으로 생각한다. 값비싼 코스요리를 먹으러 간다면 셰프가 누구인지, 메뉴는 무엇인지, 리뷰는 어떤지 꼼꼼히 따지게 될 것이다. 마찬가지로 공부를 시작하기 전부터 최고의 강사, 최고의 교재, 최고의 환경을 찾는 데만 몰두하는 사람이 많다. 물론 처음 시작하는 단계에서 강사나 교재 등을 꼼꼼히 살피는 것은 좋다. 하지만 이것저것 기웃거리면서 더 나은 게 없을까 고민하거나 공부를 시작하기 위해 방 정리도 하고 교재도 꼭 다 갖추는 등 준비 단계가 길 필요는 전혀 없다.

공부에 대한 정의는 나 스스로 만든다

우리가 공부를 이렇게 대하기 시작한 것은 주변 사람들이나 우리 사회의 사고방식에 영향을 받았기 때문이다. 지금부터 나 혼자만이라도 공부에 대한 정의를 바꿀 필요가 있다.

공부는 간식이다. 그냥 가볍게 생각하고 가볍게 시작하면 되는 것이다. 책상을 깨끗이 정돈하지 않아도, 무언가 다른 준비 과정을 거치지 않아도 좋다. 잠깐 짬이 나면 봤다가 다시 덮어둬도 된다. 10분도 상관없다. 우리가 쉬는 시간에 스마트폰 게임을 10분만 하다가 멈출 수 있듯이 공부도 잠깐 하다 말아도 된다. 짧게 공부하다 다시 시작하려면 어디까지 했는지 확인하고 다시 읽어보는 데 시간이 오래 걸린다는 사람이 있다. 그렇게 다시 읽어보는 과정에서 저절로 복습도 되는 것이다. 물론, 길게 공부하는 것이 더 좋지만 짧은 것도 나름의 장점은 있다. 가장 큰 장점은 공부에 대한 부담감을 줄여준다는 것이다. 언제든지 시작할 수만 있다면 누구든지 공부를 잘할 수 있다. 단순하지만 모두가 간과하는 진리이다. 일단, 시작한다면 거의 성공한 것이다.

공부를 간식처럼 생각하기 위해서는 책들을 꼭 책꽂이에 가지런히 꽂아둘 필요도 없다. 오히려 눈에 잘 띄는 곳, 내가 자주 앉아 있거나 누워 있는 곳에 두는 게 좋다. 예컨대 거실 소파에 자주 앉는다면 소파 옆에 공부할 책 한 권을 둘 수 있다. 내 경우 침대에서 공부하는 경우가 많다 보니 침대 옆에 책을 쌓아두었다. 굳이 책꽂이가 있는데도 사용하지 않는다. 자기 방 안에서도 여러 위치에 책들을 둘 수 있다. 가까워지기 위해서는 우선 언제든지 손에 닿는 거리에 두는 것이 중요하다. 간식을 찬장 깊숙한 곳에 보관하기보다 쉽게 꺼낼 수 있는 곳에 넣어두듯이 말이다. 책꽂이 깊숙한 곳에 꽂아두는 것부터가 본격적인 공부라는 느낌을 줄 수 있다.

집에서 TV 리모컨이 어디에 있는지 못 찾는 경우가 종종 있다. 리모컨 보관함을 만들어 넣어둔다면 찾기 쉽겠지만 제자리에 잘 보관하지 않는 경우가 더 많다. 그 이유는 리모컨 자체가 편리를 위해 만들어진 물건이기 때문이다. 순간적으로 자기가 편한 위치에 두기 때문에 다시 쓰려면 여기저기 찾아보게 된다. 책도 리모컨과 마찬가지가 되어야 한다. 아무 때나 집어 들 위치에 있어야 편하게 시작할 수 있다.

몰래 하는 건
뭐든지 다 재밌다

회사 다니면서 하는 수능 공부는 굉장히 괴로운 일이다. 온종일 공부만 하는 것보다 더 힘들다. 보통 퇴근하고 집에 오면 저녁 7시 쯤 된다. 저녁 식사를 하고 좀 앉아서 쉬면 8~9시가 된다. 다음 날에도 출근해야 하기에 12시 이전에는 잠을 자는 편이었다. 씻고 잘 준비하는 시간까지 빼면 실질적으로 공부할 수 있는 시간은 평일 기준 두세 시간 정도였다. 회사에서 힘든 일이 있거나 다른 직원과 갈등이라도 있었던 날에는 온몸에 기운이 다 빠진 채로 퇴근한다. 그 상태에서는 사실 한 시간도 집중해서 공부하기 어렵다. 회식이라도 있는 날이면 술에 취해 공부하기 어렵다. 결국, 평일 중 두세 번 제대로 공부하면 다행이었다.

회사원들은 대개 주말 동안 밀린 잠을 자거나 휴식을 취한다. 하지만 나는 대학 입시를 다시 준비하는 만큼 주말에도 잘 쉴 수 없었다. 너무 무리하지는 않았으나 하루에 예닐곱 시간 정도는 공부 시간을 확보하기 위해 노력했다.

이렇게 말로만 늘어놓아도 굉장히 괴롭고 힘든 과정이다. 지금 다시 해보라고 하면 못 할 것 같다. 그럼에도 당시에는 잘 버텨낼 수 있었던 놀라운 힘이 있었다. 그 힘 중 하나는 회사를 떠나 하고 싶은 게 있었다는 것이다. 사실 새로운 것을 하고 싶다는 마음보다 떠나고 싶은 마음이 더 강했다. 이러한 마음이 없었다면 당연히 꾸준히 공부를 이어나갈 수 없었을 것이다.

또 하나의 힘은 몰래 하는 것은 뭐든 재미있다는 것이다. 회사에서 점심시간에 식사를 빨리 끝내고 남은 시간 동안 공부를 했다. 책을 꺼내놓고 하면 들통날 수 있으므로 모니터 화면 구석에 몰래 EBS 수능 영어 PDF 파일을 열어놓고 독해 연습을 했다. 뒤로 사람들이 지나가면 얼른 창을 닫곤 했다. 엄마 몰래 밤늦게 끓여 먹는 라면이 제일 맛있듯이 몰래 하는 공부는 은근히 스릴 있고 재미있다. 우리가 평소에 그다지 좋아하지 않던 것도 이렇게 남들 몰래 하면 왠지 재밌는 법이다. 만약 억지로 누가 시켜서 하는 것이었다면 재미있었을 리가 없다. 결국 나 스스로 선택한 것이었기에 재미를 찾을 수 있었다.

남들보다 불리하다고 결과 또한 나쁜 것은 아니다

공부할 시간이 남들보다 절대적으로 부족하면 불안한 마음이 든다. 하지만 반대로 장점도 있는데, 자투리 시간도 아껴 쓰게 된다는 점이다. 또한 시간을 더 효율적으로 쓸 방법을 계속 연구하게 된다. 점심시간을 활용하였을 뿐만 아니라 출퇴근하는 지하철 안에서도 공부한 내용을 복습했다. 이렇게 공부 시간을 늘리면 평일 기준 하루 공부 시간이 너댓 시간까지도 늘어날 수 있었다. 나에게 불리한 여러 제약 조건이 오히려 더 집중할 수 있게 만드는 요인이 된 셈이다.

여기서 중요한 점은 하루 공부 시간을 세 시간으로만 계획했다는 것이다. 즉, 세 시간만 채우면 더 이상 공부를 하지 않아도 된다고 나 자신과 약속했다. 그 이상 하는 것은 자유였다. 그러다 보면, 출퇴근 시간이나 점심시간 등 자투리 시간을 이용하여 최대한 많이 해두려고 노력하게 된다. 낮에 이미 두 시간 정도를 채웠다면 집에 와서는 한 시간만 더 하면 되기 때문이다. 저녁에는 쉬고 싶은 마음에 낮에 더 힘을 내게 된다.

이렇게 계획량을 약간 작게 잡아두었을 때의 좋은 점은 집에 와서 계획량보다 더 하게 되는 경우가 많다는 것이다. 의무적으로 해야 하는 분량에서는 압박감을 느끼고 빨리 끝내려는 마음이 든다. 하지만 계획량을 다 끝낸 이후에는 마음에 여유가 생기고 자유로운 마음이 들기에 오히려 공부를 더 해나갈 수 있다. 물론, 피곤한 날에는 계획량만 끝내고 쉴 수 있으니 좋다.

누구나 남들보다 부족한 부분이 있을 수도, 불리한 부분이 있을 수도 있다. 하지만 그런 부분이 있다고 해서 결과도 꼭 나쁘리라는 법은 없다. 인생을 살다 보면 완전히 망해서 다 끝났다고 생각하는 순간 오히려 더 좋은 기회가 나타나는 경우도 있다. 길게 보면 삶이라는 것이 다 내가 간절히 염원하며 가고자 하는 방향대로 흘러가는 법이다.

Chapter 5
최대한
노력
없이
거저
공부하라

잡생각을
사라지게 하는 마법

처음 공부를 시작할라치면 누구나 이런저런 잡생각에 휘말린다. 공부를 잘하는 사람이든 못하는 사람이든 마찬가지다. 처음에는 별거 아닌 작은 생각이었지만 골똘히 생각하다 보면 점점 그쪽으로 생각이 치우치게 되고 어느새 시간이 많이 흘러 결국 공부 진도는 나가지도 못한다.

이제 갖가지 잡생각 중 가장 나쁜 영향을 끼치는 것들을 없애는 방법에 관해 이야기하고자 한다.

첫 번째는 공부 자체에 대한 잡생각이다. 이는 대개 공부에 대한 부정적인 생각으로 책의 앞부분에서도 언급하였다. '내가 공부를 한다고 잘될까'라는 생각, 자기 자신에 대한 믿음 부족 등은 집중력을 흐리는 데 크게 영향을 끼친다.

혹시 이 책을 Chapter 4부터 보기 시작했다면 앞쪽 Chapter 2에 있는 '인생을 파멸로 이끄는 부정적인 생각의 무한 루프'를 먼저 꼭 읽길 바란다. 부정적인 성격과 사고들은 성취하고자 하는 모든 의지와 욕망을 갉아먹을 것이다. 우선 거기에서 벗어나야 한다. 자기 자신도 그게 공부하는 데 문제가 될 것이라고 인식하지 못할 가능성이 크다. 근본적인 체질 개선 없이 그때마다 눙치듯 대응하는 방식으로는 결코 해결할 수 없는 문제다.

두 번째로는 삶 속에서 일어나는 일들에 대한 잡생각이다. 그날 있었던 일이나 최근 있었던 일에 대한 기억들이 떠오르는 경우다. 이 경우 공부를 방해하는 것은 대개 다른 사람들과의 갈등, 특정 이슈에 대한 거친 말싸움, 해결되지 않은 걱정거리, 자신이 화를 냈던 순간, 부끄러운 행동을 했던 기억들이다. 부끄러운 행동을 하면 자기 전에 이불킥을 한다는 말이 있다. 그것처럼 갈등, 걱정, 분노, 수치 등 부정적인 경험은 계속 기억 속에 잔상이 남아 자기 자신을 괴롭히는 편이다. 성격이 대범한 편이라 이런 기억의 영향을 받지 않는다면 그나마 다행이다.

하지만 많은 사람의 경우, 가만히 집중하려고 하면 최근에 있었던 안 좋은 기억들이 종종 떠오르게 마련이다. 벗어나려 하면 할수록 더 떠오르기도 한다. 여기에서 벗어나는 가장 좋은 방법은 평소에 내가 통제할 수 없는 영역을 최소화하는 것이다. 내가 통제할 수 없는 영역이란 대개 '타인은 지옥이다'라는 말처럼 타인과의 관계 속에서 발생한다. 서울대 교수 조병희 씨 등이 쓴 책《아픈 사회를 넘어》에서는 한국인에게 가장 큰 스트레스 요인은 주변 사람과의 갈등이라고 했다. 직장 스트레스의 원인 또한 인간관계가 가장 높은 비중을 차지한다. 결국, 우리가 가장 신경 쓰는 것들은 모두 타인과의 관계에서 발생한다.

삶을 최대한 단순하게 살아라

그렇기에 중요한 시험이나 평가를 앞두고 있다면 사람들과의 만남을 최소화하고 갈등이나 말다툼이 일어날 일 자체를 만들지 않는 것이 좋다. 삶을 최대한 단순화하는 것이 좋다. 평소와 똑같이 생활하더라도 얼마든지 갑작스러운 일은 발생할 수 있다. 그러니 충분히 예측 가능하다고 생각되는 상황에서조차 평소 패턴에서 벗어난 행동은 하지 않는 것이 좋다.

평소에 불의를 참지 못하거나 부당한 것을 그냥 넘어가지 못하는 성격이라도 중요한 시험이 앞에 있을 때는 못 본 척하고 넘어가야 한다. 친구와 의견이 서로 다른 부분이 있더라도 평소처럼 세세히 따질 필요는 없다. 친구라는 타인은 내가 통제할 수 없는 영역이다. 가볍게 토론을 하다 기분 좋게 이야기가 끝날 수도 있지만 다툼으로 번져서 기분이 상할 수도 있다. 항상 싸움은 예상치 못한 곳에서 일어난다는 점을 잊지 말자. 괜한 일로 기분이 상하면 그날 내내 공부는커녕 우울한 기분에 빠져들 수 있다.

이처럼 우리의 기분 변화 중 많은 부분이 타인과의 관계 속에서 발생한다. 타인과의 관계를 줄인다면 기분 나쁜 일이 일어날 가능성도 줄어들지만, 기분 좋은 일도 줄어들 수 있다. '기분 좋은 일은 많을수록 좋은 것이 아닌가?'라고 생각할 수 있다. 하지만 공부할 때는 두 상반된 감정을 모두 느끼는 것보다 아무것도 느끼지 않는 편이 낫다. 꼭 기분이 좋아야 공부가 잘되는 것은 아니다. 너무 기쁘거나 들뜬 상태도 오히려 집중을 어렵게 만든다. 계속 흥분 상태가 유지되기 때문이다. 감정 변화의 폭이 크지 않고 평온한 상태가 공부에는 도움 될 수 있다.

이를 위해 모든 사람과의 관계를 단절하라는 것은 아니다. 이미 잘 지내온 사람, 검증된 사람의 경우에는 대개 괜찮은 편이다. 하지만 평소에도 자주 의견이 충돌하거나 근래에 새로 알게 된 사람과는 당분간 관계를 갖지 않는 편이 좋다. 특히 부정적인 성격을 지닌 사람은 조심해야 한다. 부정적인 기운은 항상 긍정적인 에너지를 갉아먹기 때문이다.

복잡한 생각과 '나'를 단절시키는 방법

내 경우 직장생활을 하면서 수능 공부를 할 때 사실상 어려움이 많았다. 직장생활은 내가 통제할 수 없는 영역들의 연속이다. 업무상 사람들과 자주 교류하고 협업해야 하기에 항상 타인과의 관계 속에 존재한다. 예기치 못한 돌발 상황도 자주 발생하는 편이다. 특히 세상에는 희한하게도 남들과 갈등을 일으키기 좋아하는 사람들이 존재한다. 삶에 별다른 만족감이나 재미가 없는 사람일수록 이처럼 괜한 갈등을 부추겨서 재미를 느낀다. 그래서 예기치 않은 일로 멘탈이 흔들리고 정신이 혼미한 날에는 당일 계획한 공부들을 거의 못하는 일이 많았다.

이처럼 어쩔 수 없이 타인과의 관계에서 벗어날 수 없는 경우, 최대한 기억과의 단절을 위해 노력해야 한다. 부정적인 영향력이 클수록 쉽게 단절하기는 어렵다. 그렇다고 그대로 포기할 수는 없는 법이다. 우선, 단절하는 데 가장 좋은 방법은 잠을 자는 것이다. 사람의 의식이 한 번 멈추었다가 다시 시작된다는 것은 비교적 큰 수준의 단절을 발생시킨다. 8시간 이상 수면을 충분히 취하면 어제의 나와 멀어질 수 있다.

하지만 생각이 복잡하여 잠도 오지 않는다면? 이 경우에는 샤워하는 것도 좋다. 내 경우 복잡한 생각이 많이 들 때마다 샤워를 하면서 생각을 전환하곤 한다. 물로 몸의 더러운 것들을 씻어내듯이 머릿속의 안 좋은 생각이나 감정들도 씻어내는 것이다. 예전에 한 직장 동료가 이 방법을 쓴다고 했을 때는 솔직히 별로 믿지 않았다. 나뿐만 아니라 대다수의 사람이 일상생활에서 쉽게 찾을 수 있는 해결책은 잘 믿지 않는다. 더 대단한 비법이 있기를 바란다. 하지만 우연한 기회로 머리가 복잡할 때 샤워를 하였다가 한결 나아진 경험을 한 이후로는 이 방법을 자주 쓰고 있다.

잠을 자거나 샤워를 하는 것은 바로 이전의 나와 지금의 나를 단절시키는 좋은 방법들이다. 스스로에게도 자기 최면을 통해 이전의 나와의 단절을 상기시키는 것이 좋다. 이런 방법들과 더불어, 앞서 언급한 음악의 힘을 빌리는 것도 추천한다. 긍정적인 감정을 불러일으키는 음악을 켜놓고 공부하는 것이다. 내가 좋아하는 단어는 'uplifting'이다. 이때, 평소보다 볼륨을 다소 높게 틀어놓는 것이 핵심적인 비법이다. 볼륨을 키우면 사실 공부에는 더 집중하기 어렵다. 하지만 부정적인 기억들을 잠재우는 데는 더 효과가 있다. 공부에 음악까지 정신없게 만들어서 다른 생각을 할 겨를조차 없애는 것이다. 평소에 100을 공부한다고 가정하면 오늘은 60~70만 해도 충분하다. 그만큼 힘든 하루를 보냈으니까 그 정도만 해도 대단한 것이다. 볼륨이 커서 집중력이 떨어지거나 공부 속도가 조금 느려져도 괜찮다. 그러니 이런 날에는 음악이 주가 되고, 공부가 보조가 된다고 생각하자.

졸리거나 피곤할 때
쉽게 공부하는 방법

공부하겠노라 마음먹어도 졸리거나 피곤하여 집중이 안 되는 경우가 많다. 이럴 때 공부 잘하는 사람들의 이미지는 졸음을 참으며 정신력으로 극복하여 공부를 지속하는 것이다. 생각만 해도 괴로워 보인다. 물론, 이런 방법이 가능한 사람들도 분명 존재할 것이다. 하지만 내 경우 일정 수준 이상 피로감을 느끼면 책을 보다가 바로 덮어버린다. 그 이유로는 우선, 피곤한 상태에서 공부하면 할수록 공부 자체가 부정적인 것으로 인식될 가능성이 크기 때문이다. 즉, 공부를 괴롭게 참아내면서 해야 하는 고통스러운 과정으로 인식하게 되는 것이다. 이러한 과정이 반복되면 앞서 말한 바처럼, 공부 자체를 싫어하게 될 위험성이 크다. 사실 대다수가 그러하다. 나는 무슨 일이 있어도 공부에 대한 부정적인 감정을 만들지 않기 위해 노력해왔다. 그리고 이런 노력이 지금까지 남들보다 공부를 즐기는 원동력이 되었다.

또 하나의 이유는 피곤한 상태에서 공부하면 별로 효율적이지 않기 때문이다. 이는 모두가 동의하리라 생각한다. 누구나 졸면서 공부해본 경험이 있을 것이다. 졸면서 공부를 하면 한 시간을 해도 말짱한 정신에서 10분 하는 것만 못하다. 그렇다 하여 세수를 하고 오거나 허벅지를 꼬집으면서 잠을 깨워 공부한 적도 없다. 공부가 뭐 그리 대단한 일이라고! 그렇게까지 할 것은 아니라고 생각해왔다.

내 몸이 원하는 대로 따르라

졸리면 그냥 자는 게 가장 좋다. 사실 이런 말을 하면 남들 잘 때 다 자면서 언제 공부하냐고 말하는 사람이 꼭 있다. 그런 말을 하는 사람은 오히려 아깝게 흘려보내는 시간이 더 많다. 평소에 낭비하는 시간을 줄인다면 잠은 충분히 자면서도 얼마든지 공부할 시간을 만들 수 있다. 대개 공부하기 전까지 준비하는 시간이나 이것저것 잡다한 일을 하는 데 많은 시간을 보내기에 시간이 부족한 것이다. 그러한 시간만 줄여도 잠은 얼마든지 푹 자면서 원하는 목표를 달성할 수 있다.

특히, 식사 직후에는 잠이 몰려오는 경우가 많다. 이건 누구나 마찬가지이다. 점심 식사 이후에는 가능하면 잠깐 낮잠을 자는 것이 좋다. 낮잠의 긍정적인 효과에 대해서는 이미 수많은 논문에 의해 검증되었기에 여기서는 설명하지 않겠다. 내 경우에는 점심뿐만 아니라 저녁 식사 이후에도 30분 정도 불을 끄고 침대에 누워서 쉬다가 공부를 시작하곤 했다.

몸은 피곤한데 잠은 오지 않는 경우는 가만히 누워 있는 것도 좋다. 사실 가만히 누워서 30분에서 60분 정도만 있어도 몸에 필요한 에너지는 다시 채워진다. 그렇기에 자려고 누웠는데 쉽게 잠이 들지 않는다고 조바심을 낼 필요도 없다. 이때는 불도 끄고 스마트폰도 하지 않으면서 눈을 감고 있는 것이 가장 중요하다. 스마트폰을 하면 눈의 피로뿐만 아니라 뇌의 피로도 그대로 남는다. 필요하다면 조용한 명상 음악이나 릴랙스할 수 있는 음악을 틀어놓아도 좋다. 그러다 잠이 들면 자다가 일어나서 공부하면 된다. 아예 자려는 게 아니라면 한 시간 이내로 자면서 쉬는 것이 적당하다.

지금까지 이야기한 것들을 정리하자면, 결국 내 몸이 원하는 대로 따르라는 것이다. 너무 졸리면 자고, 피곤한데 잠이 안 오면 쉬라는 것이다. 몸이 원하는 방향을 크게 벗어날 필요는 없다. 공부를 잘하는 방법은, 역설적으로 들리겠으나 충분한 휴식을 취하는 것이다.

다만 한 가지 더 지켜야 할 부분은, 중요한 시험을 준비하는 과정이라면 몸이나 정신의 피로도를 증가시키는 일들을 최대한 피할 필요가 있다는 것. 예컨대 격렬하게 운동하거나 여기저기 쇼핑을 하고 난 후에 공부를 시작하려는데 몸이 피곤해서 못하는 경우다. 이처럼 공부 외의 부분에 육체적·정신적 에너지 소모를 많이 하고 나서 내 몸이 원하는 대로 따른다면 결국 공부는 절대 할 수 없다. 이는 내가 말하고자 하는 바를 전혀 이해하지 못한 행동이다.

자신이 하루에 쓸 수 있는 에너지가 정해져 있다 생각하고 최대한 그것을 아꼈다가 공부할 때 써야 한다. 스마트폰을 이용해 게임을 하는 것도 쉽다고 생각하지만 10분 정도 하는 게 아니라 한 시간 씩 한다면 결국 에너지를 소모하는 것이다. 즉, 쉴 때도 거의 에너지를 쓰지 않는 방식으로 쉬어야 공부할 에너지가 늘어나는 것이다.

피곤할 땐 뇌에 부담이 적은 공부를 하라

그렇다면 아예 자거나 누울 정도로 피곤하지는 않지만 약간 정신이 혼란스럽거나 머리가 잘 안 돌아갈 때도 있을 것이다. 이러한 경우에 가장 좋은 공부방식은 뇌에 부담을 가장 적게 주는 공부를 하는 것이다.

첫 번째로, 이미 공부한 내용을 복습하는 것이다. 가장 전략적인 방법은 내 몸과 정신 상태에 맞춰 공부 계획을 다시 짜는 것이다. 오늘 국어 공부를 하기로 되어 있다고 해서 내 몸 상태는 신경 쓰지 않고 무작정 국어를 하는 것은 좋지 않다. 내 계획에 약간의 변경이 있더라도 가장 효율적으로 높은 성과를 낼 수 있는 것을 택하는 게 좋다.

대개 머리가 맑을 때 할 수 있는 공부는 새로운 개념을 습득하거나 빠른 독해 등이다. 반면, 두뇌 회전이 느려졌을 때는 이미 획득한 정보를 반복하여 기억하는 데 활용하는 것이 좋다. 복습하는 경우 이미 한 번 접했던 내용이므로 뇌에 그렇게 부담이 되지 않는다. 또한 복습은 원래 새로운 내용을 공부하는 것보다 일반적으로 공부 만족도가 떨어진다. 사실 다 알지 못하지만 이미 아는 것 같기도 하고 뭔가 새로운 지식이 쌓이는 느낌이 없다. 새로 진도를 나가야 열심히 공부를 한 기분도 들고 새로운 지식도 쌓이는 것 같아서 성취감이 커진다. 그래서 평소 복습에 소홀한 사람이 많다. 이렇게 정신적으로도 피곤한 상태인 경우 꼭 필요한 복습을 해주면 학습 효과를 높이는 데도 아주 좋다.

또한 피곤할 때는 영어 단어 등 단순 암기를 하거나 노트 옮겨 적기 등을 하는 것도 좋다. 항해 중인 배에 이상이 생긴다면 굳이 원래 가려 했던 파도가 험한 항로로 가서는 안 된다. 조금 돌아가더라도 좀 더 안전한 길을 택하는 것이 바람직하다. 즉, 피곤하거나 졸릴 때는 자신에게 부담이 적은 방식의 공부로 변경하는 것이다. 이를 통해 기존에 했던 공부를 더 탄탄하게 만들어주는 부가적인 효과까지 챙길 수 있다.

게임하듯이
공부를 즐기는 방법

동계올림픽에서 컬링 경기를 처음 보았을 때 마대 걸레 같은 것으로 얼음 바닥을 미는 모습이 참 신기했다. 처음에는 우습게 보였지만 자주 경기를 접하다 보니 이제는 고도의 집중력과 정밀한 기술을 요하는 스포츠임을 안다. 사실 축구나 농구도 마찬가지다. 우리가 어려서부터 접하였기 때문에 당연하게 받아들이고 있으나 농구 경기를 처음 본 아마존의 한 부족은 묘한 행동을 한다고 생각할 수 있을 것이다. 반대로, 우리가 아마존 부족들의 놀이를 처음 접한다면 마찬가지로 신기할 것이다. 사실 스포츠라는 것은 놀이에서부터 기인하였다. 재미있게 노는 것이 결국 스포츠가 된 거다.

몸을 써서 하는 놀이가 있다면 머리를 써서 하는 놀이도 있다. 우리가 흔히 즐기는 보드게임 같은 것들은 몸보다는 머리를 써서 하는 놀이다. 스마트폰 게임 중에도 머리를 써서 하는 것들이 있다. 그렇다면 공부는 어떨까? 공부도 얼마든지 놀이가 될 수 있다. 다만, 우리의 고정관념이 공부와 놀이의 경계를 너무 견고하게 만들고 있을 뿐이다.

예능 프로그램을 보다 보면, 퀴즈를 내고 맞추는 게임을 하는 경우가 많다. 한 국가의 수도를 맞추거나 역사 상식을 묻기도 한다. 우리가 시험지에서 보면 그토록 싫어하는 내용이지만 예능에서는 자연스럽게 받아들이는 것이다. 이처럼 퀴즈로 만드는 것이 가장 쉽게 공부를 놀이화하는 방법이다. '퀴즐렛'이라는 스마트폰 앱을 이용하면 내가 원하는 내용에 대해 문제와 답을 만들 수 있다. 이를 통해 암기해야 할 내용을 퀴즈로 만들어서 게임처럼 지하철이나 버스 안에서 풀어볼 수 있다.

그 외에도 다양한 앱이 있는데, 내 공부에 도움 되리라 상상하는 것들이 이미 다 세상에 나왔다고 봐도 무방하다. 앱스토어에서 검색만 해보면 된다. 스마트폰 잠금화면을 열 때마다 영어 단어나 한국사 내용이 등장하고 퀴즈를 풀 수 있게 하는 앱들은 자연스러운 암기를 도와준다. '듀오링고'라는 앱의 경우 게임을 하듯이 레벨을 올리고 보상을 받는 시스템으로 외국어 공부를 유도한다. 이처럼 평소에 어떻게 하면 공부하는 것 같지 않게, 놀이처럼 공부할 수 있을지 고민해보는 것이 중요하다. 공부와 놀이의 경계를 허물어버리는 것이다.

삶이 게임이라 생각하면 마음이 편해진다

우리는 부모님에게 등수나 성적 같은 숫자로 우리를 평가하지 말라고 말한다. 숫자가 없는 세상을 꿈꾸듯이 말이다. 하지만 아무리 공부를 열심히 하지 않는 사람들도 자신의 성적에 대해서는 궁금해한다. 자신의 등수에 대해서도 궁금해한다. 우리가 각종 오디션 프로그램에서 출연자들의 등수가 매주 바뀌는 걸 보면서 재미를 느끼는 것은 왜일까? 결국 우리는 우리 스스로가 평가당하는 건 싫어하지만 숫자를 통해 경쟁하는 시스템에서 일종의 재미를 느끼는 것이다. 우리가 게임을 하면서 레벨을 올리는 데 혈안을 올리는 것만 봐도 그렇다. 그런데 왜 시험과 공부가 싫은 것일까?

결국 이 경쟁에서 승자가 될 수 있다면 경쟁 자체를 즐길 수 있는 것이다. 지금 바로 승자가 될 수는 없더라도 게임 캐릭터의 레벨을 올리듯이 꾸준히 올라간다는 확신만 선다면 얼마든지 공부가 게임이 될 수 있다. 내가 공부하고 있는 과목별 성적이나 석차로 그래프를 만들 수도 있고 내 레벨을 스스로 측정해볼 수 있다.

이처럼 공부에 흥미를 갖게 되면 위와 같은 과정에서 재미를 찾을 수 있다.

물론, 나 역시 끝없는 서열 경쟁과 등수 싸움이 옳다고 생각하지는 않는다. 하지만 세상은 하루아침에 바뀌지 않고 결국 우리는 공부와 시험을 통해 평가를 받아야 원하는 것을 얻을 수 있다. 오히려 대학 입시에서 학생부 종합전형이나 취업에서의 면접처럼 주관적인 평가 기준에 회의를 느끼는 사람이 많다. 누구나 가장 공정하다고 여기는 것이 결국 시험이다. 이 시스템을 당장 전복할 수 없다면 적어도 이 시스템을 즐기는 방법을 찾아야 한다.

이를 위해 지금의 상황을 일종의 게임이라 생각해보자는 것이다. 우리 삶의 많은 부분은 사실상 게임과 닮아 있다. 게임이라 생각하면 마음이 좀 가벼워진다. 열심히 내 레벨을 올려보고 스테이지를 클리어해보자. 하다 잘 안 되면 게임을 끝내듯이 포기해버린다는 마음을 가져도 좋다. 공부 잘한다고 인생에 꽃길만 보장되는 것도 아니다. 좀 더 편안한 마음으로 즐긴다는 태도를 지닐 때 오히려 공부가 더 재미있어질 것이다.

10분 공부로
한 시간 효과를 내는
마법의 비밀 노트

사람들은 항상 쉽고 빠르게 목표를 이루는 비법에 목맨다. 공부나 다이어트에서도 남들은 모르는 특별한 방법이 있으리라 생각하고, 그 비법만 따른다면 자신도 성공할지 모른다는 환상에 빠져 있다. 몸매가 좋은 사람 중 자신의 사진을 자주 SNS에 올리는 경우가 있다. 댓글에는, 어떻게 몸매 관리를 하였는지 궁금해하는 내용이 많다. 이에 대한 대답에는 대개 별다른 것이 없다. 왜 그런가 하면, 그 사람은 그렇게 타고났기 때문이다. 많이 먹어도 살이 잘 찌지 않는 체질이고 운동을 하면 금방 효과가 나타나는 것이다. 타고난 사람을 보면서 어떤 연습이나 훈련으로 지금의 결과를 완성했으리라 생각하고 비법을 찾는다면 절대 그 사람의 수준에 이르지 못한다.

그렇다면 공부에서는 어떠한가? 공부에도 다양한 비법을 강조하는 사람이 있다. 그중에는 자신에게 맞는 공부법도 있겠다. 하지만 전교 1등의 공부법이 꼭 나에게 맞는다는 보장은 없다. 예컨대 그 사람은 암기 능력을 타고났을 수 있다. 그런 사람의 공부법을 그대로 따라 하면 좋은 성과가 나오겠는가? 그러면서 '내 머리가 나쁜 것은 아닐까' 하고 자책한다. 이는 정말 잘못된 생각이다. 맞지 않는 옷을 입고서 내 몸 사이즈가 이상하다고 생각하는 것과 같은 꼴이다.

결국 자기에게 가장 잘 맞는 방식을 찾아 그대로 유지해 나아가야 한다. 그렇다면 여기에도 비법이 있지 않을까? 우리가 흔히 '오답 노트'라 부르는 것이 있다. 문제집에서 틀린 문제를 오려 새로운 노트에 붙이고 그에 대한 설명을 정리하는 것이다. 나도 어렸을 때는 오답 노트가 좋다고 하니 남들처럼 만들어보기도 했다. 그런데 일단 만드는 데 많은 시간이 걸렸을뿐더러 종이를 더덕더덕 붙인 오답 노트는 꼴 보기도 싫게 생겨서 정작 잘 보지 않았던 기억이 있다.

세상에 없던 새로운 비법 노트

이제 지금부터 제안하는 것은 마법의 비밀 노트다. 일단 이름부터 조금 유치하게 혹은 거창하게 들릴 수 있다. 30대 중반의 나이에 수능을 다시 준비하면서도 이런 유치해 보이는 말을 생각했다. 하지만 해리 포터의 작가 롤링도 서른 중반의 나이에 마법 책들을 썼다. 나 역시 원래 판타지 소설을 좋아하고 '마법'이나 '비밀'이라는 단어를 좋아한다. 이 말이 별로라고 느껴진다면 다른 이름을 붙여도 좋다. 다만, 그 이름에서부터 무언가 있어 보이고 중요한 비법들이 담겨 있을 것처럼 보여야 효과가 좋다.

이 노트에 적어야 할 내용은 자기가 두 번 이상 반복적으로 틀리는 부분이다. 만약 두 번 이상 틀리는 것이 많아서 적을 것이 너무 많아진다면 세 번 이상으로 올려도 된다. 즉, 중요하다고 생각하는 사항들을 적는 게 아니라 내가 자주 틀리거나 잊어버리는 것들을 적는 거다. 사실 공부를 하다 보면 유난히 자주 헷갈리거나 잊어버리는 것들이 있다. 사람들은 쉽게 외우는 건데 유독 나는 자꾸 잊어버리게 되는 것들! 그런 것들만 모아서 적어두고 필요할 때마다 쭉 훑어보는 거다. 아주 길고 장황하게 작성할 필요도 없으며 짧게 핵심만 담아두면 된다.

과목별로 나누어 정리하면 좋은데, 수학이라면 수학 공식이 될 수도 있고 자주 틀리는 유형이 될 수도 있다. 영어 역시 영어 문법이 될 수도 있고 영어 단어가 될 수도 있다. 즉, 오답 노트처럼 틀린 문제와 답을 기록하는 게 아니라 공부 과정에서 부딪히는 내가 헷갈리는 어떤 대상을 기록하는 것이다. 형식에는 제한이 없으며 다만 나

중에 알아보기 쉽게 정리해두면 된다. 즉, 내가 이 부분을 자주 헷갈린다는 걸 바로 알 수 있게 적는 것이 중요하다.

경우에 따라, 기록해야 할 내용이 많을 수도 있다. 그럴 때는 노트에 적어도 되지만 시간이 오래 걸릴 것 같을 때는 스마트폰에 있는 오답 노트 어플을 이용하여 사진을 찍어두는 편이 좋다. 그리고 자신이 왜 어려워했는지 그 이유를 간단하게 어플에 메모하는 것이다. 이렇게 하면 필기용과 스마트폰용 두 개의 노트가 생기는 셈이다.

오답 노트를 능가하는 마법의 비밀 노트

두 번째 수능을 준비할 당시, 나는 마법의 비밀 노트를 두 가지 상황에서 사용했다. 우선, 직접 펜으로 작성한 비밀 노트는 공부가 잘 안 되거나 피곤한 날에 쭉 읽어보는 식으로 활용했다. 아무래도 집중이 안 되는 날에는 새로운 정보를 습득하는 것보다 기존에 정리한 것을 보는 게 좋다. 또한 따로 시간을 내서 비밀 노트를 보기에는 그날그날 새로 공부할 분량이 있기에 시간이 부족했다.

스마트폰에 정리한 내용은 출퇴근 시 지하철 안에서 보았다. 수학의 경우는 지하철 안에서 보기가 쉽지 않다. 그래도 어떤 단계에서 막혔는지 다시 되짚어보는 용도 정도로는 사용 가능했다. 실제 지하철을 타는 시간이 20분도 안 되었기 때문에 많은 것을 볼 수는 없었다. 한 번 출퇴근할 때 한두 문제 정도를 보는 수준이었다.

하지만 마법의 비밀 노트가 의미 있는 이유는 오답 노트가 갖는 근본적인 문제들을 해결해주기 때문이다. 우선, 오답 노트는 만드는 데 많은 시간이 소요된다. 게다가 종이를 오리고 붙이는 번거로움에 귀찮다. 하지만 비밀 노트는 별다른 노력 없이 손쉽게 정리할 수 있다.

또한 오답 노트는 대다수가 보기 싫어할 가능성이 크다. 그 이유로는 일단 사람들은 복습을 좋아하지 않는다. 오답 노트 역시 일종의 복습이기에 공부라는 과정 자체도 지루한데, 한 번 공부한 내용을 또 보는 것은 쉬운 일이 아니다. 두 번째로 오답 노트에는 자주 틀리거나 막히는 부분들이 담겨 있다. 이는 내 약점으로, 불편한 내용이다. 그렇기에 당연히 보고 싶지 않다. 내가 쉽게 풀 수 있고 잘 이해되는 것들을 먼저 보고 싶은 게 인간 심리다.

비밀 노트 역시 어려워하거나 틀렸던 내용이 담겨 있기에 똑같지 않냐고? 중요한 차이점이 있다. 비밀 노트는 항상 문제와 답 형식이 아니라는 점이다. 오답 노트를 보는 게 지루한 까닭은 문제와 보기 등을 다시 풀어야 한다는 점이다. 하지만 비밀 노트는 핵심 부분만 추려 정리한 것이기 때문에 다시 풀지 않아도 된다. 이 차이가 상당히 크다. 이게 다시 읽어보는 것의 지루함을 효과적으로 없애줄 수 있다.

따라서 지하철로 이동할 때처럼 자투리 시간을 활용하여 비밀 노트를 보는 것이 좋다. 겨우 한두 문제 보는 것이 얼마나 도움 되겠냐고? 두세 번 이상 틀리거나 잘 안 외워지는 부분들을 10분 공부하는 건 다른 내용을 한 시간 공부한 것과 같은 효과를 낸다. 즉, 오늘 아침에 10분간 비밀 노트를 봤다면 벌써 한 시간 공부했다고 봐도 무방하다. 이미 아는 것과 새로운 지식을 복합적으로 습득해야 하는 한 시간 공부와 새롭게 습득하는 지식만 압축한 10분 공부는 그 효과가 얼추 비슷하다.

내 약점이 모두 사라진다

하루 공부 시간을 체크하면서 공부한다면 마법의 비밀 노트를 공부한 날에는 일단 한 시간을 올려놓고 시작하라. 무조건 공부 시간만 많다고 좋은 게 아니라 질적인 측면까지 고려하는 것이 더 중요하다. 이렇게 공부 시간을 늘려놓고 시작하는 것은 하루 공부 계획을 달성하는 데 성취감 향상에 도움 될 수 있다.

집중이 잘 안 되는 날, 새로 공부를 하는 것이 버거운 날에는 필기용 비밀 노트를 보는 것이 좋다. 필기용 비밀 노트에는 복잡한 내용보다는 간략하게 정리된 내용이 많다. 그렇기에 다시 읽더라도 부담이 적을 것이다.

공부를 하다 보면 쉽게 이해되거나 잘 암기가 되는 부분이 있다. 반면, 몇 번을 읽어도 자꾸 잊어버리고 헷갈리는 부분이 있다. 신기할 정도로 잘 받아들이기 어려운 부분들이다. 이런 부분들을 모아둔 것이 마법의 비밀 노트이다. 마법의 비밀 노트에는 간단한 내용이 담기지만 한두 번 다시 읽어본다고 완전히 외워지지 않을 수 있다. 그만큼 나의 절대적인 취약점이라는 것이다. 다른 사람의 마법의 비밀 노트를 읽는 것은 별 도움이 되지 않는다. 결국, 자기 힘으로 만든 노트만이 엄청난 효과를 가져오는 법이다. 짧은 시간 공부를 통해 큰 효과를 얻을 수 있는 비법을 원한다면 당장 마법의 비밀 노트를 만들어보자.

방구석에 앉아
출제 예상문제를
알아내는 방법

시험 전날, 산더미같이 쌓인 시험 범위와 암기할 내용을 보면 한숨만 나온다. 이럴 때, 내일 시험에 나올 문제들을 미리 알 수 있다면 좋겠다는 생각을 한 번쯤 해본 경험이 있을 것이다. 물론, 시험지를 훔치지 않는 이상 100퍼센트 정확하게 예상하기란 쉽지 않다. 하지만 시험을 같이 치르는 다른 수험생들보다 더 잘 예측하여 고득점을 얻는 것은 가능하다.

이 방법은 주로 학습한 내용을 이해한 후 암기하여 선택지에서 고르거나 서술하는 방식의 중고교 내신 시험, 대학교 시험, 자격증 시험 등에 적용될 수 있다. 즉, 수능처럼 장기간에 걸쳐 준비하는 시험보다는 단기간에 학습 내용에 대한 이해 및 숙지도를 테스트하는 시험에 적합하다.

시험에서 높은 성적을 얻는 방법에는 여러 가지가 있다. 첫째, 시험 범위에 해당하는 모든 내용을 통째로 이해하고 암기하는 것이다. 시험 범위가 넓지 않을 때 가능한 방법이다. 하지만 범위가 넓으면 세세한 부분까지 꼼꼼히 다 암기하기란 어려운 일이다.

따라서 시험 유형이 객관식인지 주관식 서술형인지에 따라 공부하는 방식을 달리할 필요가 있다. 객관식인 경우는 세세한 용어를 직접 쓸 수 있을 정도까지 외우지 못해도 고를 수만 있으면 된다. 따라서 완벽하게 외워 직접 말로 설명할 수 없더라도 대개 답을 찾는 것이 가능하다. 이런 경우에는 시험 범위에 해당하는 부분을 비교적 빠른 속도로 여러 번 반복하여 읽는 방식이 유리하다.

반면, 서술형 시험의 경우에는 읽어보았을 때는 잘 알고 있는 것 같더라도 막상 직접 글로 쓰려고 하면 막히는 부분이나 용어들이 생기는 경우가 많다. 따라서 서술형 시험은 어떤 문제가 출제될 것인지 가늠해보고, 예상되는 문제별로 답안을 직접 써보는 연습을 하는 것이 중요하다. 백지를 꺼내놓고 실제 시험처럼 생각나는 것을 다 적어보면 좋다. 그러면 아는 것 같았지만 확실하지 않았던 부분들이 자연스럽게 드러난다. 객관식과 달리, 반복하여 훑어보는 것보다 직접 써보는 게 훨씬 더 효과적이다.

자신이 직접 시험 문제 출제자가 되어라

이렇게 문제 유형에 따라 대비하는 방식에는 차이가 있을 수 있다. 하지만 객관식이든 서술식이든 출제 예상문제를 미리 파악한다면 훨씬 쉽게 좋은 점수를 얻을 수 있다. 그렇다면 출제 예상문제를 어떻게 알 수 있을까?

　모든 시험에는 공통적으로 가장 중요한 두 주체가 존재한다. 하나는 문제를 만드는 출제자이고 나머지 하나는 그 문제를 풀 응시자이다. 우리 대부분은 살면서 거의 시험 문제를 푸는 응시자 입장에만 속한다. 출제자와 응시자의 역할을 비교한다면 출제자는 좀 더 창조적이고 능동적인 역할을 하는 반면, 응시자는 수동적일 수밖에 없다. 응시자는 결국 출제자가 만들어낸 하나의 틀 안에서 자기 생각을 정리하여 답안을 작성해야 하기 때문이다.

　또한 이렇게 한쪽 입장에만 속하다 보면 반대쪽 입장에서 바라보는 연습은 전혀 되지 않는다. 예컨대 성별 간 다툼을 생각해보자. 여성들은 주로 자신들이 겪는 차별이나 불평등이 심각하다고 주장한다. 반면, 남성들은 자신들이 겪는 역차별이나 불합리함에 관해 이야기한다. 이렇게 상반된 주장이 팽팽하게 공존하는 이유는 무엇인가? 이는 우리가 양쪽 성별을 모두 겪어볼 수 없기에 자신의 성적 관점에서만 상대를 바라보기 때문이다.

　시험에서도 마찬가지다. 시험을 치르는 사람 입장에서는 시험을 출제하는 사람의 입장을 잘 생각하지 못한다. 언제나 문제를 푸는 사람의 시각에서만 상황을 바라보게 되는 것이다.

　이처럼 편향된 시각에서 벗어나 출제자의 의도를 더 잘 파악하는 것이 중요하다. 우선 기출문제는 출제자의 시각을 확인하는 가장 좋은 수단이다. 기출문제를 보면 출제자의 성향이나 출제 방향이 드러난다. 단지 어떤 문제가 기존에 출제되었다는 사실만을 확인하는 것이 아니라 출제자가 어떠한 관점에서 무엇을 묻는 걸 선호하는지 출제 스타일을 보아야 한다. 예컨대 개념의 정확한 정의를 주로 묻는지, 사례들을 중시하는지, 개념을 토대로 응용하는 능력을 요구하는지 등 중시하는 부분을 파악하는 것이 중요하다.

기출 문제를 살펴보았다면 이제 해야 할 일은 실제 자신이 문제 출제를 해보는 것이다. 이때 자신만의 독창적인 관점보다는 기출문제와 유사한 관점에서 문제를 만드는 것이 좋다. 혼자 문제를 만들기보다는 친구 등 다른 응시자와 함께 해보는 것이 훨씬 효과적이다. 출제 예상문제를 만들어서 같이 공부하는 친구에게 답해보게 하는 것이다. 별것 아닌 방법 같은가? 하지만 실제 앞에 있는 누군가가 내가 만든 문제를 푼다고 생각하고 문제를 내는 것과 혼자 머릿속으로 생각해보면서 대충 넘어가는 것에는 어마어마한 차이가 있다.

출제자의 눈을 갖게 된다는 놀라운 사실

기출문제가 평이하다면 일반적인 문제들을 만들면 되고, 기출문제들이 까다롭다면 친구를 틀리게 만들 만한 문제가 무엇인지 고심한 후에 문제를 내는 것이 좋다. 이때 내기를 한다면 더 좋다. 서로가 상대방이 더 많이 틀리게 만들기 위해 노력하다 보면 어려운 문제들도 얼마든지 만들어낼 수 있다.

이렇게 서로 문제를 내고 답하는 연습을 하다 보면 자기가 처음에 보지 못한 부분들을 찾아낼 수 있다. 혼자 공부할 때보다 더 쉽게 암기되는 효과도 있다. 처음에는 문제 내는 수준이 형편없을 수도 있다. 하지만 몇 번의 시험을 통해 반복적인 경험을 하다 보면 어느

새 자신도 출제자의 눈을 갖게 되었다는 걸 발견할 것이다.

내 경우 예전에 직장을 다니면서 입사 시험의 출제자로 참여했던 경험이 있다. 경제 논술 시험 문제를 출제했는데, 모범 답안과 채점 기준까지 직접 만들어야 했다. 채점 기준에는 완벽한 답안을 작성하지 못하였더라도 특정한 키워드들이 포함되었는지 여부에 따라 부분 점수가 책정되었다. 즉, 채점하는 사람들은 어떠한 관점에서 바라볼지에 대해 생각해볼 흔치 않은 계기가 되었다.

이렇게 출제자의 눈을 한 번 경험한 것과 그렇지 않은 것은 차이가 크다. 이후 대입 논술 시험을 보게 되어 논술 답안을 작성하면서도 출제자가 어떤 의도로 이 문제를 출제했을까를 고민하면서 답을 작성하였고 최종적으로 좋은 결과를 얻었다.

함께할 친구가 있다면 이렇게 시험 직전에 같이 퀴즈를 내면서 연습해보는 것도 좋다. 그것이 불가능하다면 혼자서라도 출제자의 관점에서 생각하는 훈련을 지속해야 한다. 가상의 상대를 상정해놓고 실제 문제를 낸다고 생각하면서 정리하면 좋다. 특히, 객관식 같은 경우에는 내가 헷갈리기 쉬운 부분은 다른 사람들도 헷갈리기 쉽다. 혼동하기 쉬운 개념들은 거의 출제된다고 생각하고 정리해 나아가면 좋다.

공부의 적을
내 편으로 만드는 방법

공부를 좀 해보려니 마음에 걸리는 것이 있는가? 처음으로 마음 잡고 공부를 하려는 사람들은 우선 주변 친구들과의 관계가 멀어질 것을 두려워한다. 같이 놀던 친구들과 보낼 시간이 줄어들고 사이도 소원해질 수 있기 때문이다. 우리에게 친구란 대개 이런 존재다. 함께 놀고 즐겁게 지내기 위한 존재! 그러다 보니 공부할 때는 방해가 될 것처럼 보인다. 하지만 동일한 시험을 준비하는 경우라면 친구가 꼭 공부의 적이라 볼 수 없다. 오히려 공부하는 데 든든한 아군일 수 있다.

공부는 꼭 혼자 외롭게 해야 하는 것이 아니다. 혼자보다 둘이 나을 수 있다. 다만, 여기에도 전제 조건은 있다. 마음을 잡고 준비가 된 사람과 함께해야 한다. 예컨대 이 책을 함께 읽으면서 자신의 삶에 변화를 가져오기 위해 같은 방향을 바라보는 사람이라면 분명 도움 될 수 있다. 하지만 그렇지 않은 사람이라면 오히려 방해가 될 수 있다.

친구와 같이 공부할 때 꼭 알아두어야 할 것

여기서 중요한 것은 확실하게 자신의 의지로 변화하고자 하는 사람이어야 한다는 점이다. 다른 사람에 의해 억지로 떠밀려온 사람은 다시 원래의 자기 모습으로 돌아가기 쉽다. 그러니 적극적으로 누군가에게 같이 해보자고 설득할 필요도 없다. 결국 나중에 포기하는 순간, 당신이 같이해보자고 해서 응했을 뿐이라 말할 것이다. 반면, 이미 마음의 준비가 된 사람은 별로 대수롭지 않게 이야기하더라도 바로 함께해보자고 답할 것이다.

친구와 같이하는 공부의 좋은 점은 서로 예상문제를 내주면서 출제자의 관점을 기를 수 있다는 사실이다. 처음 공부를 하는 단계에서부터 친구에게 문제를 낼 것이라는 점을 염두에 둬라. 그러면 자연스럽게 공부할 내용을 문제 형식으로 바꿔가며 익히게 된다. 친구가 과연 맞출 수 있을지 예상하면서 공부한다면 더 재미를 느낄 수도 있다.

그뿐만 아니라 지루한 학습 활동을 할 때마다 누군가와 함께하는 것도 도움 될 수 있다. 예컨대 인터넷 강의를 들어야 하는데 혼자 듣다 보면 자꾸 스마트폰을 만지거나 새로운 인터넷 창을 열어 딴짓하게 되는 경우가 많다. 조금씩 미루다가 계획한 일정대로 듣지 않기도 한다. 그러한 경우에 친구와 만나서 같이 들을 수도 있다. 내가 본 어떤 학생들은 스터디 카페에서 둘이 하나의 노트북으로 함께 인강을 듣곤 했다.

수험 기간이 1년이나 그 이상인 경우처럼 긴 경우에도 서로에게 의지가 될 수 있다. 기간이 길다면 중간에 슬럼프에 빠지거나 포기하고 싶은 마음이 드는 때가 있을 수 있다. 이럴 때 옆에 있어주는 친구는 정말 큰 도움이 된다. 같은 시험을 준비하고 있기에 누구보다 당신의 마음을 잘 이해해줄 수 있다. 마치 마라톤에서 러닝메이트처럼 어려운 시기를 함께 이겨나가는 데 큰 힘이 될 수 있다.

이처럼 서로 도움이 되려면, 중요한 것은 상호 긍정적인 작용을 하는 관계여야 한다. 즉, 누군가 한 명이 공부를 미루려고 할 때 나머지 한 명이 붙잡아줄 수 있어야 한다. 마치 서로를 감시하는 것 같은 역할을 해야 한다. 그래야만 같이 공부하는 것이 의미 있다. 이러한 관계가 아니라 오히려 서로가 놀자고 유혹하는 관계라면 차라리 혼자 하는 것이 나을 수 있다. 또한 공부에 관심 없어 자꾸 놀자는 친구를 억지로 끌고 가는 것은 무척 에너지를 소모하는 일이다. 내 공부까지 방해받을 가능성이 크다. 그러한 경우에는 혼자 하는 방향으로 나아가야 한다. 단지 외롭다고 공부 친구를 만들어서는 안 되는 이유다.

스터디 모임, 꼭 필요할까?

공부를 위해 스터디 모임을 조직하거나 참여하는 경우가 있다. 공부 성격에 따라 스터디가 더 도움 되는 경우도, 군이 필요 없는 경우도 있다. 자신이 하는 공부의 성격을 잘 파악하는 것이 우선이다. 내 경우 영어 회화와 취업 스터디에 참여한 적이 있다. 영어 회화는 상대와의 대화가 필요한 과정이기에 혼자 하는 것보다는 스터디가 더 도움 될 수 있다. 취업 역시 자기소개서를 서로 첨삭해주거나 모의 면접 연습을 하기 위해 스터디를 구성하는 것이 도움 될 수 있다.

스터디 모임을 조직하면 구성원 중에는 자기 의견을 적극적으로 내세우는 사람들과 조용히 동조하는 사람들로 나뉜다. 다들 주변 사람들에게 들은 이야기는 많기에 직접 경험한 적이 없음에도 자기 의견을 강하게 내세우기도 한다. 처음 취업을 준비하는 사람끼리만 모였다면 서로 의견이 달라 대비 방향이 결국 산으로 갈 수도 있다. 내가 참여한 취업 스터디의 경우, 이미 취업한 선배 기수가 직접 나와서 방향을 제시해주는 동아리 성격이었다. 그러다 보니 기존에 기반이 잘 잡혀 있었고 운영 규칙이 엄격하면서도 개개인에게 자극을 줄 환경을 갖추고 있었다. 사실 혼자라면 괴롭고 막막할 수 있었으나 마음이 맞는 사람들과 함께 준비했기에 즐겁게 그 시기를 보내며 좋은 결과를 얻을 수 있었다.

하지만 일반적으로 잘 모르는 사람들과 스터디를 조직하는 경우에는 문제가 생기는 경우도 많다. 이러한 경우는 리더의 역할이 매우 중요하다. 리더가 이끄는 방향에 동조하지 않는다면 참여하지 않는 것이 좋다. 친목을 가지며 여유 있게 하는 스터디가 아닌 이상 다들 목표 달성을 위해 빠르게 달려가야 하는 상황이다. 나와 맞지 않는 스터디 방향을 바꾸려고 노력하는 것보다 나와 더 잘 맞는 스터디를 찾거나 혼자 공부하는 것이 훨씬 효율적이다. 이것이 서로를 위해 옳은 길이다.

스터디를 시작한 지 얼마 되지도 않았는데 벌써 약속 시간이나 규칙을 어기는 사람들이 나타난다면 이 역시 바로 그만두는 편이 좋다. 모두가 한마음이 되어 노력해도 유지되기 어려운 것이 스터디 모임이다. 이 모임을 쉽게 생각하는 사람이 많다면 결국 깨지거나 시간 낭비만 될 뿐이다. 결론적으로 스터디는 잘만 운영된다면 특정 분야에서는 혼자 준비하는 것보다 좋은 효과를 낼 수 있지만 잘 운영되는 것이 생각보다 쉽지 않다. 혼자 공부할 때보다 고민해야 하는 요소도 많을 수밖에 없다.

절대적인 지지자의 힘

마음 맞는 친구를 찾는 것이 어렵듯 공부 친구를 만드는 것도 결코 쉬운 일은 아니다. 하지만 목표와 템포가 일치하는 사람을 찾는다면 혼자 해나갈 때보다 더 큰 힘을 얻을 것이다. 절대 놓치지 말아야 할 사항은 처음부터 명확하게 규칙을 정해놓고 시작해야 한다는 점이다. 친한 사이일수록 규칙을 명확히 하는 과정이 더 필요하다. 그렇지 않으면 결국 흐지부지되는 경우가 많다. 또한 규칙이 잘 지켜지지 않는다면 과감히 그만두는 용기 또한 필요하다. 그것이 나 때문이든 상대 때문이든 서로에게 해가 되는 관계라는 것이 증명되었다면 말이다.

가까운 친구가 아니더라도 가족 중에 절대적인 지지자가 있다면 공부할 때 많은 힘이 될 수 있다. 여기서 말하는 '절대적인 지지자'란 직접적인 공부 방향을 제시해주는 사람이라기보다는 옆에서 내 이야기를 들어주고 응원해주는 사람이다. 공부하는 과정이나 자신이 잘한 점, 힘든 점 등을 가감 없이 말할 사람이 있다면 공부를 지속하는 강력한 힘이 된다.

자신을 꾸짖거나 잘못을 고치려는 사람보다는 그저 들어줄 수 있는 사람이면 충분하다. 사실 공부라는 것은 잔기술보다는 얼마나 꾸준히 이어나갈 수 있느냐의 문제이다. 꾸준함을 위해서는 심리적인 부분을 절대 간과할 수 없다. 이때 절대적인 지지자는 직접적인 공부 방향을 설계해줄 수는 없더라도 묵묵히 응원해줄 수 있다. 사실 더 많은 공부 조언을 하려는 사람은 당신을 피곤하게 할 수도 있다. 그러니 가까운 사람 중 그저 응원만 해주는 사람이 있다면 오히려 감사해야 할 일이다.

쉴 것 다 쉬면서
공부 잘하는 비법

많은 이가 공부할 때 간과하는 것이 있다. 공부를 꾸준히 잘해 나아가기 위해서는 무엇이 가장 중요할까? 전국의 수재들 공부법을 그대로 따라 하는 게 중요할까? 수백만 원짜리 공부 컨설팅을 받으면 될까? 전혀 아니다. 실질적으로 공부를 꾸준히 해나가는 데서는 공부 기술보다도 쉬는 기술이 더 중요하다. 하지만 많은 사람이 공부 방법에서만 답을 찾으려 하기에 매번 실패한다. 이제 진짜 중요한 '쉬는 기술'에 주목해보자.

우선, 쉰다는 말의 의미에 대해 사람마다 정의 내리는 것이 서로 다르다. 누군가에게는 클럽에 가서 술을 마시며 밤새워 춤을 추는 게 쉬는 것일 수 있다. 누군가에게는 밤새도록 미국 드라마 한 시즌을 정주행하는 게 쉬는 것일 수 있다. 이처럼 쉰다는 것은 각자의 취향에 따라 다르다.

한동안 준비하던 시험이 끝났다면 앞서 말한 것들을 포함하여 어떠한 방식으로 쉬든 아무 문제 없다. 신나게 놀면서 쉬는 것도 스트레스 해소에 꼭 필요하다. 하지만 시험을 향해 꾸준히 공부해 나아가는 과정에서 잠깐씩 쉬는 것은 다른 차원의 이야기다. 우선 여기서 쉰다는 것은 의미가 좀 다른데, 쉬고 난 이후에 공부에 지장을 주어서는 안 된다.

예컨대 쉬기로 한 날 과음을 하거나 마라톤을 뛰고 왔다고 해보자. 몸을 회복하기 위해 다음 날이나 그다음 날까지 쉬어야 할 수 있다. 그렇다면 과음이나 마라톤은 쉬는 것이 아니다. 두세 시간 동안 게임을 했다고 생각해보자. 오래도록 집중해서 게임을 하고 나면 좀 쉬고 싶어진다. 그렇다면 이렇게 게임을 하는 것도 쉬는 게 아니다. 쉰 이후에 또 쉬고 싶은 마음이 든다면 우리가 말하는 쉬는 것이 아니다.

쉴 때도 요령이 필요하다

공부하면서 가볍게 쉬기 위해서는 주로 정적인 활동들이 많을 수밖에 없다. 가만히 누워 있거나 음악 듣기, 잠자기, 주변 친구나 가족과 이야기를 나누는 것이 될 수 있다. 반면, 동적인 것들은 대개 에너지 소비가 크다. 그렇기에 동적인 것을 이용해 쉬려면 쉬는 시간이 최대한 짧아야 한다. 코인 노래방에서 노래를 부른다면 두 곡 정도, 스마트폰 게임을 한다 해도 10분 정도가 적당하겠다. 그 이상은 오히려 피로도가 증가하여 쉬는 것이 아닐 수 있다.

하루에 네 시간을 공부해야 한다고 해보자. 내 경우 우선 한 시간을 공부한 후에 10분 정도 쉰다. 그리고 다시 한 시간을 더 공부한다. 그러면 이번에도 10분만 쉬고 다시 한 시간을 공부할 수 있을까? 아니다. 사실 시험 기간이 아닌 평소에 이렇게 하는 것은 너무 지루해서 쉽지 않다. 두 시간 정도 공부하면 벌써 지치게 마련이다. 이를 악물고 버텨서 세 시간을 채웠다고 하면 10분만 쉬고 다시 또 한 시간을 할 수 있을까? 아니다. 이제 진짜 못 한다. 한 시간 정도는 쉬어야 다시 한 시간을 할 수 있다. 이처럼 나는 사실 공부를 조금만 오래 해도 지루해서 버틸 수가 없다. 그래서 이러한 지루함을 없애는 방향으로 공부를 해왔다.

많은 사람이 '놀 때는 놀고, 공부할 때는 공부한다'는 말을 잘못 해석한다. 즉, 놀 때 신나게 몇 시간을 놀고 이어서 몇 시간을 연속으로 공부한다는 의미로 생각한다. 하지만 이미 몇 시간을 놀면 지친다. 노는 것도 에너지 소모가 상당하다. 그럼 쉬어야 하는데 그때부터 다시 몇 시간을 공부할 수 있을까? 충분히 쉬고 공부를 해도 몇 시간을 연속으로 하는 건 쉽지 않다. 그러니 이 말은 절대 성립하기 어려운 것이다.

쉬더라도 공부 시간이 늘어나는 마법

그렇다면 시간을 효율적으로 활용하면서 어떻게 네 시간이나 공부할 수 있을까? 정답은 사실 아주 간단하다. 어차피 쉬어야 할 시간에 쉬는 것이다. 예컨대 오후 4시부터 공부를 시작했다고 해보자.

그러면, 중간에 잠깐 쉬면서 6시까지 공부를 할 수 있다. 6시에는 저녁을 먹는 것이다. 그러면 저녁 먹고 좀 쉬면서 한 시간에서 한 시간 반 정도를 보내는 것이다. 그리고 나서 다시 공부한다면 어차피 밥을 먹어야 할 시간에 쉬면서 공부에 대한 지루함을 줄일 수 있다.

예컨대 학교에서 공부하다가 집에 돌아와야 한다고 생각해보자. 학교에서 지겨워 죽을 것 같은 마음으로 집중력이 떨어진 채로 계속 참고 공부하는 것이 아니라 두 시간 정도만 하고 돌아오는 길에 쉬는 것이다. 지하철이나 버스를 타고 온다면 그렇게 돌아오는 과정에서 저절로 쉴 수 있다. 그리고 돌아와 이어서 하는 것이 좋다.

결국, 공부가 지루해지기 시작하여 길게 쉬어야 할 타이밍에 식사나 이동을 하면서 자연스럽게 쉬는 것이다. 이것이 가장 중요한 포인트다. 한 번에 쭉 이어서 공부를 하겠다는 다짐은 대개 실패로 끝난다. 그런 방법은 참을성이 강한 사람들이나 할 수 있는 것이다.

아침 7시부터 독서실에 가서 저녁 10시에 돌아오겠다는 다짐은 대개 실패한다. 아니, 그렇게 오래 있더라도 집중은 제대로 못 하고 시간만 보내다 온다. 하기 싫은 마음에 참고 앉아서 스마트폰만 만지작거린다. 그러다 보니 공부한 시간은 많고 쉰 시간은 없는 듯한데도 공부한 내용이 없다. 제대로 쉬지도 못했기 때문에 몸은 또 계속 피곤한 상태다. 악순환이 반복되는 것이다.

자기 자신이 사실 그 정도로 긴 시간을 연속으로 집중할 수 없다는 것을 인정해야 한다. 매번 같은 실패를 반복하면서 또다시 그렇게 해보겠다고 다짐하기 전에 말이다. 이처럼 쉬는 것에도 전략이 필요하다. 제대로 쉴 줄만 안다면 공부할 시간은 전혀 부족하지

않다. 거기에 잠도 남들만큼 자면서 훨씬 여유롭게 공부해 나아갈
수 있다.

쓰기만 해도 공부가 되는
노트 정리 노하우

　당신 앞에 두 권의 책이 있다고 가정해보자. 한 권은 1970년대에 발행된 책으로 검정색 잉크로 인쇄된 글자로만 가득한 책이다. 또 한 권의 책은 최근 발행된 책으로 다양한 색깔이 가득하고 그림과 사진들이 글과 함께 어우러진 책이다. 어떤 책이 더 읽고 싶고 끌리는가? 거의 모두 후자를 택할 것이다. 하지만 우리가 정작 필기를 할 때는 1970년대 책처럼 한글, 숫자, 영문자 등의 문자만을 이용하는 경우가 많다. 또한 한 가지 색깔의 텍스트로만 구성된 내용은 읽기 전부터 따분해지기 쉽다. 우리는 현재를 살아가고 있으니 꼭 이런 과거의 정형화된 형식에 구애받을 필요가 없다.

　사실 노트 정리는 누군가에게 보여주기 위한 것이 아니다. 남들 시선은 신경 쓰지 말고 최대한 자기 자신에게 초점을 맞추어 작성하면 된다. 자기 자신에게 초점을 맞춘다는 것은 내 마음대로 작성해도 된다는 말이다. 기존에 갖고 있던 고정관념에서 벗어난다면 노트 필기 자체가 하나의 놀이처럼 재밌으면서 공부에도 큰 도움을 줄 수 있다.

먼저 노트 정리를 할 때 생동감을 주는 방식으로 다양한 색깔 펜을 사용할 수 있다. 여기서 중요한 점은 색깔마다 다른 역할을 부여하는 것이다. 예컨대 검정 펜으로 일반적인 내용을 정리한다면 파란 펜으로 중요한 내용을 쓰고, 빨간 펜으로 의문점이 있거나 어려운 내용을 적을 수 있다. 각 색깔의 역할은 자기가 부여해주면 된다.

색깔을 조금 다르게 활용할 수도 있다. 다양한 색을 쓰는 것이 귀찮거나 어려운 사람들도 있다. 그렇다면 꼭 남들을 따라 할 필요는 없다. 우선 처음에는 검정 펜 위주로 정리를 하는 것이다. 중요한 내용은 별표나 밑줄 등을 이용하여 표시해둘 수 있다. 이렇게 정리한 내용을 바탕으로 시험 기간에 공부하면서 잘 외워지지 않거나 어려운 부분에는 파란 펜으로 밑줄이나 동그라미를 치는 것이다. 계속 반복 학습을 하면서 마지막 순간까지 헷갈리는 부분은 다시 빨간 펜으로 표시하거나 여백에 한 번 써보는 것이다. 이렇게 단계적으로 표시를 해두면 시험 직전에 빨간색으로 표시한 내용만 반복해서 읽어주면 된다. 시간을 아끼면서 최대한 많은 내용을 머릿속에 넣는 방법이다.

쓰는 순간 바로 기억에 남는 노트 정리법

색깔을 활용하는 것보다 더 자신의 스타일을 살리는 방법이 텍스트 위주에서 벗어나는 것이다. 정리할 내용을 그림이나 도식을 이용하여 표현하는 것이다. 관공서나 병원에서는 사람들의 흥미를 끌고 내용을 쉽게 전달하기 위해 인포그래픽이라는 것을 활용하는 경우가 많다. 인포그래픽은 텍스트를 시각적으로 표현하는 것을 의미하는데, 주로 그림이나 도표 등을 이용하여 나타낸다. 우리가 공부한 내용을 정리할 때에도 인포그래픽이나 마인드맵 같은 방식을 이용하면 더 좋다. 물론 전문적인 수준으로 정교하게 작성하는 것은 시간 낭비다. 자기 자신만 잘 이해할 수 있을 정도로 간략하게 표현하면 된다.

예컨대 화폐의 기능을 정리한다고 해보자. 일반적인 텍스트 위주의 정리법을 이용한다면 왼쪽과 같이 정리할 것이다. 하지만 그림과 도식을 이용하면 오른쪽과 같이 정리할 수 있다.

텍스트 위주 정리	도식이나 그림 위주 정리
교환의 매개 수단	교환 수단
가치를 측정하는 척도	가치 측정 척도
가치의 저장 수단	가치 저장

'화폐의 기능'에 대한 정리 방법

사실 누군가에게는 이렇게 표현하는 과정이 더 힘들 수도 있다. 하지만 이렇게 그림이나 도식으로 표현하는 과정은 세 가지 장점을 지닌다. 우리가 도식화하여 정리하기 위해서는 해당 내용을 완전히 이해해야만 가능하다. 단순히 뜻도 모르면서 글자만 암기해서는 도식화할 수 없다. 그렇기에 첫 번째로 자연스럽게 내용을 이해하려고 노력하게 된다. 두 번째로 그림 혹은 도식화하는 과정에서 자동적으로 수차례 반복 학습하는 과정을 겪게 된다. 마지막으로 완성된 그림은 복습을 할 때도 쉽고 빠른 이해를 도울뿐더러 훨씬 오래 기억에 남는다.

모든 공부 내용을 이렇게 정리하는 것은 불가능하며 비효율적이다. 내용이 어려운 부분이나 암기가 잘 안 되는 부분에 이러한 방식을 적용하면 답답함을 해소할뿐더러 공부에도 더 효과적이다. 또한 실제 그림으로 그리지 않더라도 머릿속으로 그려보기만 하는 것도 효과를 지닌다.

우리의 중요한 원칙은 과정이 괴로울수록 그 과정을 더 놀이화해야 한다는 것이다. 단순히 글로만 필기할 때보다 필기 과정이나 복습 과정에서 더 큰 재미를 줄 것이다.

끝이 보여야
비로소
시작할 수 있다

어린 시절, 기차를 타고 시골에 계신 외할머니댁에 자주 갔다. 기차 안에서 두 시간 정도를 보내야 했는데 그 시간이 어린 나에게는 무척이나 지루했다. 그 당시에는 스마트폰도 없었고 다른 놀 거리도 없었다. 아빠한테 몇 정거장이 남았냐고 계속 물어보면서 남아 있는 정거장 수를 셌던 기억이 있다. 그러다 보면 지루한 시간을 다소나마 버텨낼 수 있었다.

산에 오를 때를 보자. 처음에는 발걸음이 가볍다가 점점 지치면서 숨이 찬다. 그때 찾게 되는 것이 정상까지 몇 미터가 남았다는 표지판이다. 한 발 한 발 오를 때마다 점점 줄어드는 정상까지의 거리를 보면서 조금 더 힘을 낼 수 있다.

이처럼 우리가 무엇인가 달성해야 할 목표가 있을 때는 목표 지점에 도달하기 위해 얼마나 더 노력해야 하는지 아는 것이 좋다. 끝이 보여야 노력할 힘이 생긴다. 목표 지점을 모른 채 어떤 일을 하다 보면 갈피를 잡지 못하거나 쉽게 포기하기 쉽다. 공부도 마찬가지다. 시작하기 전에 우선 끝을 먼저 정해두는 과정이 꼭 선행되어야 한다.

예컨대 한 권의 책을 공부하기로 하였다고 하자. 그러면 먼저 얼마 동안 이 책을 공부할 것인지 기간을 정해야 한다. 이 과정에서 자신을 속여서는 안 된다. 너무 무리하게 계획해도 쉽게 지칠 것이고, 너무 길게 계획을 잡아도 실력이 쉽게 늘지 않을 것이다. 잘 모르겠다면 우선 며칠간 정해진 계획 없이 책의 처음부터 공부해가기를 추천한다. 이삼일 정도 공부해본다면 한 시간에 얼마큼 공부할 수 있을지 대략적인 감이 올 것이다.

그러면 이제 무작정 공부를 해나갈 것이 아니라 기간을 정해 공부량을 배분해야 한다. 예컨대 300페이지짜리 책을 공부한다고 해보자. 하루에 한 시간 공부하는데 10페이지를 볼 수 있다고 해보자. 그렇다면 매일 한 시간씩 공부한다면 30일 정도에 책을 다 볼 수 있게 된다. 이렇게 언제까지 끝낼 것인지 정해놓고 본다면 중도에 포기할 가능성이 훨씬 줄어든다. 그리고 책 한 권을 다 끝냈을 때 오는 성취감도 매우 클 것이다. 이렇게 단 한 권만이라도 제대로 끝낸다면 다음부터는 공부에 대한 부담도 거의 사라지고 아주 쉽게 공부를 이어나갈 수 있다. 딱 한 권만 끝내보자.

포도송이에 포도알을 채워보자

또 하나 중요한 부분은 날마다 공부한 날짜나 분량을 기록하는 것이다. 어린 시절, 착한 일을 하면 포도송이가 그려진 종이에 포도알 스티커를 하나씩 붙인 기억이 있을 것이다. 그렇게 포도송이 전체에 포도알을 붙이면 상품을 받곤 했다. 포도알을 모으기 위해 매일 어떤 착한 일을 할지 고민했을 것이다. 공부할 때도 이를 똑같이 적용할 수 있다. 어디서든 '착한 일 포도송이'를 검색하여 인쇄해도 좋고 직접 포도송이를 그려도 좋다. 하루에 정해진 공부 계획을 실천할 때마다 한 알씩 표시해 나아간다면 동기부여도 되고 성취감도 느낄 수 있을 것이다.

'내 나이가 몇인데 유치하게 이런 것을 하나?' 하는 생각은 공부에 전혀 도움 되지 않으니 당장 걷어차라. 유치하다고 생각하면 세상 모든 것이 유치한 법이다. 막대기로 공을 쳐서 구멍에 넣는 것은 유치하지 않은가? 그것이 어른들이 즐겨 하는 골프라는 스포츠다. 세상에서 제일 유식하고 돈 많은 사람도 즐겨 하는 놀이이다. 자신을 자극할 수 있는 것이라면 유치해도 좋고 우스워 보여도 좋은 것이다. 포도송이까지는 못 그리겠다면 적어도 매일매일 성취한 것을 기록하는 일만은 도움이 되니 꼭 해보기를 추천한다. 종이 달력에 날짜마다 완수 여부를 표시해도 좋다. 분명 놀라운 변화를 경험할 것이다.

Chapter 6
놀다
보면
저절로
기억되는
암기법

열심히 외워도
매번 헷갈리는 이유

"나는 이해해야 하는 과목은 그래도 좀 하겠는데 암기과목은 잘 못 하겠어. 외워도 자꾸 까먹어."

이렇게 말하는 사람을 지금까지 수없이 보아왔다. 외우는 것이 싫어 공부가 싫다는 사람도 있었다. 물론, 공부에서 가장 중요한 것은 이해력이다. 내용을 이해하지 못한다면 아무리 정확히 외워도 소용이 없다. 그다음으로 중요한 것이 암기력이다. 아무리 암기 위주의 시험이 구시대적이라 하더라도 기본적인 암기가 되지 않는다면 어떠한 지식도 내 것으로 만들 수 없다. 즉, 암기가 안 된다는 것은 곧 어떤 공부도 제대로 해나가기 어렵다는 말이 된다.

당신은 글을 빠르게 읽는 편인가? 느리게 읽는 편인가? 글 읽는 속도 때문에 고민한 적이 있는가? 나도 글을 약간 느리게 읽는 편이지만 아주 느리지만 않다면 크게 문제 되지 않는다. 당신은 이해력이 좋은 편인가? 남들보다 떨어지는 편인가? 수학 같은 과목을 제외한다면 이해력도 사람마다 큰 차이는 나타나지 않는 편이다. 결국, 학습한 내용을 빨리 암기할 수만 있다면 남들보다 적은 시간을 공부하고도 더 좋은 결과를 얻을 수 있다.

암기법과 관련하여 시중에 수많은 책이 있다. 이미 여러 책을 읽어본 사람도 있을 것이다. 내가 사용하는 암기법은 기존 서적이나 이론에서 참고한 것 없이 나 스스로 만들어낸 방법들이다. '어떻게 하면 더 빨리, 더 쉽게, 더 오래, 기억할 수 있을까'라는 고민에서 수십 년간 하나하나 만든 결과물이다. 독창적인 내용도 많으나 일부 내용은 다른 책의 암기법과 유사할 수도 있다. 결국 암기를 잘하고자 하는 사람들은 비슷한 고민을 겪다가 비슷한 결론에 다다른다는 뜻이겠다. 나는 이 암기법을 상세하게 구체적인 연습 방법까지 설명해가고자 한다.

사실 나는 '암기력'이라는 단어 자체에 회의적이다. 암기를 못 하는 것은 올바른 방법을 모르기 때문이다. 누구든지 올바르게 연습한다면 암기를 잘할 수 있다.

암기가 안 되는 사람들의 두 가지 원인

암기를 잘 못하는 데에는 크게 두 가지 원인이 있다. 첫 번째는 반복하여 공부한 횟수 자체가 적기 때문이다. 놀라운 사실이지만 의외로 한 번 읽고 한 번 만에 암기하려는 사람이 세상에 많다. 만약 이미 알고 있는 익숙한 내용이라면 그것도 가능하다. 하지만 아예 처음 보는 내용을 한 번 읽고 바로 암기하는 것은 쉬운 일이 아니다. 지금까지 살면서 전국 0.1퍼센트 안에 드는 천재급 친구가 주변에 많았으나 그들도 그렇게 외우지는 못했다. 공부를 빨리 해치워야 한다고 생각하거나 벼락치기에 익숙해져서 이렇게 되는 것이다. 하지만 암기를 위해서는 가벼운 마음으로 여러 번 읽는 것이 좋다. 일단, 이번에 못 외우면 어떡하지라는 걱정을 하지 말아야 한다. 부담 없이 읽어내려가는 게 핵심이다.

꼭 여러 번을 연속하여 읽을 필요도 없다. 오늘 한 번 읽고 내일 다시 읽어도 된다. 이렇게 여러 차례 반복하여 읽다 보면 자연스럽게 이해되고 쉽게 잘 외워지는 부분과 헷갈리는 부분이 생기게 된다. 이렇게 잘 외워지는 부분들을 걸러내야 암기할 분량이 줄어든다. 무작정 다 외우려고 했기에 그동안 실패한 것이다.

암기를 잘하기 위해서 더 중요한 것은 헷갈리는 부분들에 암기를 위한 특별한 장치를 걸어놓아야 한다는 점이다. 처음에 여러 번 읽을 때는 모두를 평등하게 대했다면 이제부터는 모든 내용을 동등하게 대해서는 안 된다. 잘 외워지는 정도에 따라 차별해야 한다는 뜻이다.

암기를 잘 못하는 두 번째 원인은 이러한 특별 장치의 효과를 인정하지 않거나 이것에 대해 잘 모르기 때문이다. 이럴 때 일반적으로 암기하는 방식은 무작정 같은 내용을 반복해서 써보거나 입으로 읊으면서 외우는 것이다. 그런데 여기서 중요한 것은 누구든지 한 번 헷갈린 내용은 계속 헷갈린다는 사실. 사람마다 헷갈리는 포인트는 같을 수도 있고 다를 수도 있다. 하지만 처음 헷갈린 부분은 앞으로도 계속 헷갈릴 것이다.

　이러한 부분들은 자신에게 일종의 약점이라 생각해야 한다. 그럼에도 헷갈리지 않는 다른 부분들과 같은 비중으로 공부하는 경우가 많다. 소설책을 읽다가 마음에 드는 구절이 있으면 그때 표시를 해 두어야 나중에 다시 찾아볼 수 있다. 그냥 넘어가면 어느 부분이었는지 찾기 어렵다. 같은 맥락이다. 약점은 찾아내자마자 바로 조치해야 한다. 그대로 놔두면 매번 헷갈리는 소용돌이에 빠지고 만다. 이때 장치를 걸어놓으면 헷갈리지 않고 오래 기억할 수 있다.

암기를 재미있는 놀이로 만드는 비법

　여기서 특별한 장치를 걸어놓는다는 게 무슨 의미인지 생소할 것이다. 예컨대 '설겆이'와 '설거지' 중 무엇이 맞춤법에 맞는 표현인지 한번 따져보자. 이런 경우, 맞는 표현이 무엇인지 확인하고 넘어가도 다음에 또 헷갈릴 수 있다. 이럴 때 아예 잊어버리지 않을 확실한 방법을 만들어야 한다. 여기서 맞는 표현은 '설거지'다. 그렇다면 이 단어를 '설'과 '거지'로 나눠볼 수 있다. 설날 때마다 거지가

175

찾아온다고 생각해보는 것이다. 더 나아가 '설날 때 거지가 찾아와서 도와달라고 하니, 설거지를 시키고 돈을 주었다'라고 만들어볼 수도 있다. 이렇게 외워두면 이제 다시는 '설겆이'가 옳은 표현이라고 생각할 일은 없게 된다.

이처럼 지금부터 설명하는 암기법들은 어떻게 보면 일종의 놀이라 볼 수 있다. 원래 암기라는 것은 학습 활동에서 가장 괴로운 과정 중 하나다. 나뿐만 아니라 많은 사람이 같은 내용을 반복하는 걸 좋아하지 않을 것이다. 암기는 계속 반복해서 주입해야 기억되는 과정이기에 하기 싫게 마련이다. 하지만 기상천외한 방법들을 이용하여 재미있게 외우는 법을 활용하다 보면 암기 과정 자체를 즐길 수 있다. Chapter 4에서 뇌를 속여서 공부하고 있다는 사실을 모르게 하라고 했다면 이제는 공부 자체를 놀이로 승화하는 단계라 할 수 있다. 공부 자체가 놀이가 된다면 지루함은 자연스레 사라진다. 어린 시절 매일매일 뭐 하고 놀지 고민했던 때처럼 말이다.

사실 고지식한 사람들일수록 이러한 방법의 효용을 잘 모른다. 나 역시 겉보기에는 이런 괴상해 보이는 방법으로 놀면서 암기를 하는 사람처럼 보이지 않는다. 남들은 아마도 내가 단순히 의자에 엉덩이를 오래 붙이고 잘 참아내는 사람이라 생각할 것이다. 자기들처럼 똑같은 방식으로 괴롭게 공부한다고 여길 것이다. 하지만 확실히 나는 혼자만의 상상 속에서 수많은 방법을 활용하여 남들보다 훨씬 쉽게 외우고 있다.

이제 나의 방법을 한번 체화해보자. 처음에는 어려울 수도 있으나 자꾸 훈련하다 보면 암기 실력이 늘 것이다. 이 기술들이 쌓이면 나중에는 뭐든지 쉽게 외울 수 있는 단계에 이를 것이다. 나이가 들어도 기억력이 감퇴된다고 걱정할 필요가 없는 방법이다. 암기를 요하는 어떤 시험에서든 상위권을 차지할 수 있을 것이다.

10분 만에 외워서
100일간 기억하는 법

'좀도둑 삼인방은 몇 시간 전 강도짓을 하고 경찰 눈을 피해 달 아나려던 참이었다.'

히가시노 게이고의 소설 《나미야 잡화점의 기적》에 나오는 한 구절이다. 이 문장을 읽는 순간, 우리는 각자 자신의 머릿속에서 소설 속 상황을 상상한다. 먼저 좀도둑 세 명의 모습이 떠오를 것이다. 자신이 가진 좀도둑에 대한 이미지에 따라 복면을 썼을 수도 있고, 수염을 기르고 있을 수도 있다. 한 명은 좀 체격이 뚱뚱하고 다른 한 명은 키가 크고 말랐을 수도 있다. 이처럼 소설을 읽을 때는 머릿속에 소설 속 내용을 이미지로 상상하는 것이 일반적이다. 공부는 어떠한가? 공부하면서 공부 내용을 이미지화하는 것이 생소한 사람이 많을 것이다. '공부 내용을 이미지화한다는 것이 가능한가?' 하고 의문을 품는 사람도 있을 것이다.

하지만 적어도 암기해야 할 내용을 이미지화하면 훨씬 외우기가 쉽다는 말을 한 번쯤 들어보았을 것이다. 사실 수많은 공부법 관련 서에서 이미지 암기법을 자주 설명하고 있다. 구체적인 방법에서는 조금씩 차이가 있을 수 있으나 나 역시 이미지화를 이용한 암기법을 자주 활용한다. 글을 읽는 과정에서 많은 부분을 즉각 이미지화할 수 있다면 더 오래 기억하게 하는 데 매우 효과적이다. 하지만 처음부터 그렇게 하는 건 쉽지 않기에 자주 헷갈리거나 기억하기 어려운 부분들부터 이미지화하는 연습을 하자.

예컨대 청동기 시대에 고인돌이 출현했고, 비파형 동검과 반달 돌칼을 사용했다는 내용을 기억해야 한다고 해보자. 한국사에서는 구석기, 신석기, 청동기, 철기 등 시대 구분과 해당 시대에 있었던 내용을 매칭할 때 헷갈릴 가능성이 크다. 이런 경우 우선 적어도 하나 정도는 알고 있어야 암기가 편하다. 예컨대 청동기 시대에 처음 계급이 출현하였고 이로 말미암아 높은 계급을 가진 사람들의 무덤인 고인돌이 출현했다는 점이다. 그러면 우선, 청동기에 고인돌이라는 점을 알았다고 볼 수 있다. 여기에 비파형 동검과 반달 돌칼을 추가해야 한다. 우선 고인돌, 비파형 동검, 반달 돌칼이 어떻게 생긴 것이고 뭘 말하는지 한 번씩 그림을 확인하는 것이 좋다. 뭔지도 모르고 무작정 외우는 것은 좋지 않다. 비파형 동검은 검선이 비파와 닮은 탓에 그렇게 부른다. 하지만 우리는 비파가 무엇인지도 잘 모른다. 이럴 때는 비파를 한 번 이미지 검색해보는 게 좋다. 얼핏 보니 기타 혹은 우쿨렐레와 닮았다.

암기할 내용을 하나의 그림으로 이미지화하라

그러면 이제 이미지화를 시작할 수 있다. 지금부터 설명하는 내용을 머릿속에서 그림 그리듯 꼭 상상해보기를 바란다.

청동기 시대의 어느 밤을 상상해보자. 어둑어둑한 밤하늘에 반달이 떠 있다. 그런데 달 모양이 반달돌칼 모양이다. 땅에는 고인돌이 놓여 있다. 그 위에 어떤 여자가 앉아서 비파를 연주하고 있다. 그런데 자세히 보니, 일반적인 비파가 아니라 비파형 동검, 즉 비파 모양의 칼을 들고 연주를 하는 척하고 있다.

자, 이제 청동기 시대의 세 가지 특징에 대해 말해보자. 쉽게 답이 나왔을 것이다. 이렇게 청동기 시대에 해당하는 특징들을 함께 엮어서 기억하면 다른 시대와 헷갈릴 이유가 없다. 또한, 한 번 이미지화한 내용은 문자로 기억하는 것보다 훨씬 오래도록 기억된다. 머릿속으로만 기억하는 게 아니라 상상한 것을 간단하게 그림으로 그려놓아도 좋다. 그러면 복습을 할 때도 그림을 보는 순간 바로 다시 떠올리는 것이 가능하다. 이러한 방식을 활용하면 암기하는 데 들일 공부 시간을 10분의 1로 단축할 수 있다.

추상적 개념을 그림처럼 이미지화하는 방법

다음으로 궁금해할 부분은 모든 헷갈리는 내용을 이미지화할 수 있는지 여부일 것이다. 실질적으로 많은 부분이 가능하다. 하지만 이미지화가 어려운 부분들은 억지로 이미지화하기보다는 앞으로 소개할 다른 방법들을 활용하는 것도 좋다. 우선 앞서 설명한 내용을 다시 살펴보면, 고인돌·반달돌칼·비파형 동검 등은 구체적인 사물이 있는 대상이다. 그렇기에 검색으로도 그것들이 어떻게 생겼는지 확인할 수 있다. 이처럼 구체적인 사물이 있다면 이미지화가 가장 쉽다.

반면, 신라 시대 법흥왕이 율령을 반포하고 불교를 수용하였다는 내용을 암기한다고 해보자. 율령을 반포하고 불교를 수용하는 것은 구체화된 이미지가 아니라 추상적인 사실이다. 그렇기에 이미지화가 더 어렵게 느껴질 수 있다. 이럴 때는 율령, 불교라는 추상적 개념에 특정한 이미지를 씌워주는 것이 좋다. 일단 율령이라는 것이 무엇인지 모르고 무작정 외운다면 다시 잊어버릴 수 있다. 율령이 무엇인지 적어도 개념은 알아야 한다. 율령이란 국가 통치를 위한 법과 제도이다. 이제 '법' 하면 떠오르는 이미지를 생각해보자. 재판장에서 판사가 의사봉을 땅땅 치는 장면이 떠오른다면 그것도 좋다. 그리고 불교 하면 떠오르는 이미지도 생각해보자. 내 경우 태국에서 본 누워 있는 불상이 떠오른다. 자, 그러면 두 가지를 연결하면 재판장 뒤쪽으로 거대한 불상이 누워 있다. 그 앞에서 판사가 땅땅 판결을 내리고 있다. 이 두 가지 사실을 조합하여 이미지화한다면 이것이 법흥왕이 한 업적이라는 것을 어떻게 연결할까? 이 부분은 쉽고 재밌게 암기하는 방법이 따로 있다. 이에 대해서는 다음의 '친구들을 이용하여 암기력 10배 늘리는 법'에서 자세히 설명할 것이다.

암기를 위한 상상은 특이할수록 좋다

이처럼 추상적인 내용도 구체화하면 얼마든지 이미지화하는 것이 가능하다. 이때 중요한 것은 가능하면 평범한 상상보다는 어이없거나 특이한 상상을 하는 게 좋다. 내가 굳이 누워 있는 불상을 택한 것도 이 때문이다. 친구에게 길을 걸어가면서 봤던 것들을 설명한다고 해보자.

'길에서 화장품 가게를 지나니 빵집이 있었다. 횡단보도를 건너니 PC방이 보였다.'

이러한 내용이라면 열 번을 들어도 기억에 남지 않는다. 그냥 평범한 풍경이니까. 하지만 특이한 상상은 생생하게 기억된다.

'길을 걷다가 빵집을 지나는데 빵을 마구 먹고 있는 좀비들이 보여서 깜짝 놀랐다. 한 좀비와 눈이 마주치자 갑자기 그 좀비가 나에게 달려들려고 빵집 창문을 손톱으로 마구 긁어댔다.'

이러한 이야기를 듣는다면 내가 빵집 앞을 지났다는 사실을 친구가 절대 잊지 못할 것이다.

누워 있는 불상은 평범한 불상보다는 기억에 오래 남을 가능성이 크다. 이런 식으로 특이한 상상력을 활용하여 기억하는 것이 좋다. 다만, 너무 특이하게 만들기 위해 불교와는 상관도 없는 내용을 떠올려서는 안 된다. 적어도 불교가 명확히 드러나는 내용 중 특이한 내용을 활용하는 것이 중요하다.

이렇게 암기할 내용을 이미지화하는 것에만 익숙해져도 이전보다 훨씬 쉽고 오래 암기할 수 있는 길이 열린 셈이다.

친구들을 이용하여
암기력 10배 늘리는 법

이 암기법은 친구가 많을수록 유리하다. 물론 친구가 별로 없어도 괜찮다. 아는 연예인이 많거나 심지어 좋아하는 애니메이션 캐릭터가 많아도 대체 가능하다.

이 방법은 여러 인물의 업적, 각 국가의 특징 등 갖가지 항목과 그 각각의 특성을 암기해야 하는 경우 특히 유용하다. 예컨대 조선시대 왕들의 업적을 각각 암기해야 하는 경우 왕 이름들도 비슷비슷하기 때문에 헷갈리기 쉽다. 이때 우리가 헷갈리는 이유는 왕들의 이름은 알지만 각 왕을 직접 만나본 적은 없기 때문이다. 실제 알지도 못하는 사람들을 이름만 보면서 추상적으로 외우려고 하니 어려울 수밖에 없다.

예컨대 나에게 광식이와 민정이라는 두 친구가 있다고 해보자. 광식이는 좀 덜렁거리고 목소리가 큰 편이다. 덩치도 크고 화도 잘

낸다. 반면, 민정이는 똑 부러지는 성격을 가졌고, 차분한 편이다. 날씬한 체형이면서 거의 무표정한 얼굴이다. 두 친구에 대해 간단히 묘사할 때 민정이와 광식이를 모두 아는 사람이라면 둘의 성격에 대해 헷갈릴 일이 없다. 두 사람의 구체화된 모습이 눈앞에 그려지기 때문이다.

하지만 조선 시대의 왕들은 우리가 모르는 사람들이다. 게다가 한국사책에 나온 왕들의 얼굴이나 입고 있는 옷들은 거의 다 비슷해 보인다. 그나마 세종대왕 사진은 자주 보아서 익숙하지만 나머지 왕들의 사진을 쭉 나열해놓고 누가 누군지 맞춰보라 한다면 거의 맞추기 어려울 것이다. 그러니 사람마다 지닌 특성에 기반하여 암기하기가 어려울 수밖에 없다.

모르는 사람을 아는 사람으로 만들어라

이런 경우 쉽게 암기하는 방법이 주변 지인, 연예인, 스포츠 스타 등 평소 잘 알고 있는 사람을 이용하여 암기하려는 대상에 대입하는 것이다. 예컨대 조선 시대 성종의 업적을 암기한다고 해보자. 성종의 업적 중 숭유억불 정책, 인재 등용, 경국대전 편찬 세 가지를 외워야 할 때, 우선 성종에 대입할 수 있는 자신이 잘 아는 사람이 필요하다. 이 경우 성으로 시작하므로 기본적으로는 같은 '성' 자가 들어가는 인물로 정하는 것이 좋다. 여기서 중요한 것은 자신에게 가장 먼저 떠오르는 인물로 하는 게 좋다는 것이다. 다른 사람이 만들어놓은 이미지화를 이용하는 것이 안 좋은 이유는 사람마다 가장 먼저 떠오르는 인물이 다를 수 있기 때문이다. 즉, 기억을 떠올리는 과정에서 헷갈릴 수 있다. 지인이든 연예인이든 자신과 친밀한 정도는 관계없다. 적어도 자신이 얼굴을 잘 아는 사람이어야 한다. 그래야 이미지화가 잘된다.

여기서는 연예인 성시경을 예로 진행해보겠다. 우선, 숭유억불 정책을 하였다고 하니 유교를 숭상하고 불교를 억압했다고 볼 수 있다. '유교'라는 이미지는 사람마다 다를 수 있다. 만약 갓 쓴 선비가 가장 먼저 떠오른다면 성시경의 얼굴에 갓을 씌워 유교를 숭상했다는 점을 덧씌운다.

두 번째, 인재 등용이다. 인재 등용은 결국 높은 자리에 있는 사람이 부하 직원들을 고용하는 것이다. 그러니 면접을 보러 온 신하들을 앞에 두고 높은 의자에 앉아 있는 갓을 쓴 성시경을 상상해보자. 그러면 인재 등용도 완성이 된다.

마지막으로 경국대전이다. 이때, 경국대전이 무엇인지 정도는 알아야 이미지화가 가능하다. 경국대전은 조선 시대의 기본 법전이다. 그러니, 갓을 쓰고 신하들을 면접 보는 성시경 앞에 법전 한 권이 놓여 있는 모습을 상상하면 된다. 이것이 곧 경국대전이다. 법전까지는 알겠는데, 경국대전이라는 말이 안 떠오른다면? 다시 연결고리를 찾아보아야 한다. 성시경의 '경' 자를 이용해 경국대전을 떠올려도 좋겠다. 이렇게 완성된 전체 이미지를 한 장의 그림처럼 머릿속에 상상하면 된다.

외울 것이 많을수록 오히려 유리해진다

방금 설명한 방식을 처음 접하면 조금 어렵게 느낄 수도 있다. 또 이렇게 하나하나 만드는 과정에 시간이 많이 소요될까 봐 걱정할 수도 있다. 우선 어렵게 느끼는 것은 아직 처음이기 때문이다. 여러 번 반복해서 연습하다 보면 누구든지 쉽게 만들 수 있다. 이렇게 이미지화하는 데 걸리는 시간 역시 처음에는 좀 걸리더라도 익숙해지면 차츰 빨라진다. 그리고 조금 시간이 걸리더라도 한 번 각인된 이미지는 훨씬 오래 기억될 수 있으니 공부에 훨씬 유리하다. 한 사람만 외운다면 무작정 외우는 것이 더 빠를 수도 있다. 하지만 10명 이상의 왕의 업적들을 외워야 한다면 헷갈릴 수밖에 없다. 열 시간을 외워도 일주일이 지나면 기억이 다 섞여버릴 것이다. 인물에 따른 이미지화를 잘 정리해두면 헷갈리는 일 없이 쉽게 떠올릴 수 있다. 남들보다 훨씬 적은 시간만 공부하고 오래도록 기억하는 방법인 것이다.

이번에는 단종의 업적을 암기해야 한다고 가정해보자. 마찬가지로 '단'으로 시작하는 주변 인물이 떠오른다면 가장 쉽게 이미지화할 수 있다. 하지만 '단'으로 시작하는 지인이나 연예인이 없다면?

그럴 때는 '단'이라는 글자가 주는 어떠한 이미지라도 상관없다. 가장 먼저 떠오르는 이미지를 이용해 인물을 대입해보자. 내 경우는 짧다는 의미의 '단'이 떠오른다. 그렇다면 주변 친구들이나 연예인 중 가장 먼저 떠오르는 키가 작은 인물을 대입하면 된다.

이런 방식을 이용해 다양한 항목에 대해 헷갈리지 않고 쉽게 암기할 수 있다. 다만, 숙달되기 전에는 이미지화를 위해 충분한 시간이 필요하다. 시험 전날이나 시간이 촉박한 상황에서는 만들어내기란 쉽지 않다. 그렇기에 미리미리 여유 있을 때 만들어놓는다면 시험 기간에는 인물에 대한 이미지를 한 번 떠올려보는 것만으로도 시험을 잘 치를 수 있다.

이러한 이미지화는 인물 외의 것들에도 확장하여 적용할 수 있다. 예컨대 중국, 러시아, 일본 등 국가에 대한 특성들을 기억해야 한다고 해보자. 그러면 일본이나 중국 하면 떠오르는 사람에 특성들을 대입하면 된다. 실제 일본인, 중국인을 떠올려도 되고 일본이나 중국에 관심이 많은 친구를 떠올려도 된다. 인물, 국가뿐만 아니라 어떠한 형태의 것이라도 마찬가지다. 각 항목을 주변 인물과 연결하면 같은 방식으로 무엇이든지 암기할 수 있다.

이 방법은 암기해야 할 항목이 많을수록 더 큰 효과를 발휘한다. 무엇보다 당장 시험 때문에 암기해야 할 내용이 있는 경우에도 유용하고, 오래도록 기억하고 싶은 내용이 있을 때도 요긴하게 써먹을 수 있다. 분명 주변 친구들이 어떻게 그토록 헷갈리지 않고 잘 외울 수 있냐고 놀랄 것이다.

또 하나, 이렇게 이미지화하는 과정 자체를 즐길 수 있어야 한다. 그러니 너무 뻔하거나 평범한 상상보다는 재미있는 상상들로 채워나가는 것이 좋다. 누구도 내 머릿속을 들여다볼 수는 없으니까.

순서 있는 내용을
손쉽게 외우는 법

　우리가 외워야 할 대상 중에는 순서가 있는 것들이 있다. 이런 것들이 유독 우리를 헷갈리게 만든다. 순서를 외울 때도 쉽게 암기하는 방법은 따로 있다. 간단한 규칙을 적용해보자. 한글의 자음 ㄱ부터 ㅎ까지는 총 14자이다. 이 14자의 순서는 ㄱ, ㄴ, ㄷ, ㄹ, ㅁ, ㅂ, ㅅ, ㅇ, ㅈ, ㅊ, ㅋ, ㅌ, ㅍ, ㅎ이다. 가나다라를 떠올리면 이 순서는 누구나 알고 있을 것이다. 암기할 때 이 순서를 이용하면 헷갈리는 것을 방지할 수 있다. 특히 2~3개 정도의 적은 대상에 대해 순서를 암기할 때 손쉽게 적용할 수 있다.

　예컨대 미국 대통령 중 아이젠하워와 케네디의 순서를 외워야 한다고 가정해보자. 아이젠하워가 34대, 케네디가 35대 대통령이다. 이 순서가 매번 헷갈린다면 특별한 장치를 만들 필요가 생긴다. 두 사람의 이름 첫 글자의 첫 번째 자음은 각각 아이젠하워의 'ㅇ'

과 케네디의 'ㅋ'이다. 한글 자음에서 ㅇ과 ㅋ 중에는 ㅇ이 먼저이고, ㅋ이 나중이다. 그러니 한글 자음 순서와 대통령이 된 순서가 동일하다. 따라서 두 사람이 똑바로 서 있는 모습을 머릿속에 떠올려두면 된다.

반대로, 김영삼과 김대중 대통령 중에 누가 먼저인지 헷갈린다고 해보자. 김영삼이 14대, 김대중이 15대 대통령이다. 두 사람의 성은 '김'으로 동일하다. 성이 같으니 두 번째 글자의 첫 번째 자음으로 넘어가자. 영삼의 'ㅇ'과 대중의 'ㄷ'이다. 사실 'ㄷ'과 'ㅇ' 중에는 ㄷ이 먼저이다. 하지만 여기서는 김영삼 대통령이 먼저이므로 반대다. 그러니 두 사람이 거꾸로 물구나무를 서고 있는 모습을 떠올리자. 그러면 원래는 ㄷ이 먼저니까 김대중이 앞이지만 뒤집어서 기억해야 한다는 뜻으로 김영삼이 먼저, 김대중이 나중이 된다. 만약 물구나무가 잘 기억이 안 되면 김대중 대통령이 물구나무를 서니까 주머니에서 동전이 우르르 쏟아져 나온 모습을 상상해도 좋다. 좀 더 강렬하게 기억에 남을 것이다.

역사적 사실의 경우에 시대적인 맥락을 잘 이해한다면 굳이 이러한 방법을 쓰지 않아도 저절로 외워진다. 즉, 무조건적인 암기보다는 이해가 선행되어야 한다. 하지만 우리가 외워야 할 것들은 보통 역사에 국한되지 않는다. 단지 쉽게 설명하기 위해 쉬운 예시를 활용한 것뿐이며, 이 원칙으로 활용할 수 있는 분야는 무궁무진하다. 각 분야의 지식을 이러한 방법으로 암기한다면 헷갈리는 것을 방지할 수 있다.

중요한 점은 우리가 보통 두 가지 중에 헷갈려서 반대로 답을 적고 틀리는 경우가 상당히 많다는 것이다. 이렇게 자주 헷갈리는 부분에 대해 자신만의 장치를 걸어놓는다면 어떤 분야든 간에 획기적으로 점수를 높일 수 있다. 처음에는 ㄱ~ㅎ까지의 순서 자체가 헷갈릴 수도 있다. 하지만 이 부분은 한 번만 익숙해지면 되는 것이다. 한 번만 익숙해지면 그 이후로는 언제든지 자유자재로 활용할 수 있다는 점에서 굉장히 유용하다. 그 한 번의 노력이 귀찮아서 포기하기에는 잃어야 할 것이 너무 많다.

애니메이션을 그리듯 스토리를 만들어라

또 다른 방법으로 단순히 첫 글자들만 따와서 외우는 것이 있다. 하지만 이 방법은 익숙해질 때까지 계속 반복해서 말로 해보아야 한다는 단점이 있다. 이때에는 첫 글자와 이미지화된 스토리를 연계하여 외우는 것이 더 편할 수 있다. 예컨대 국가별 국토 면적 순위를 외워야 한다고 해보자. 가장 면적이 넓은 국가부터 순서대로 5개를 외운다면 러시아, 캐나다, 미국, 중국, 브라질이다. 앞글자만 따서 외운다면 '러캐미중브'라고 외워야 한다. 이 말을 계속 반복하는 것도 하나의 방법일 수 있다. 혹은 이 다섯 글자로 어떤 의미 있는 말을 만들어볼 수 있다. 하지만 '러캐중미브'였는지 '러캐미중브'였는지 생각이 안 나고 헷갈릴 수도 있다.

이럴 때는 '러, 캐, 미, 중, 브' 순서대로 떠오르는 것을 써보자. 내 경우 '러' 하면 러시아의 푸틴, '캐'는 '석탄을 캐다' 할 때 캐, '미' 하면 미꾸라지, '중' 하면 중2병, '브' 하면 승리의 브이 자가 떠오른다.

이 단어들을 이용하면 푸틴이 탄광 속에서 석탄을 캐기 위해 곡괭이 질을 하는 모습을 상상할 수 있다. 이때 탄광 안에서 지하수가 터져 나왔는데 그 물에 미꾸라지들이 있었다. 푸틴이 이 미꾸라지를 잡아서 중2병에 걸린 아이한테 주었더니 중2병이 나았다. 그래서 그는 마지막에 승리의 브이 자를 하였다.

이런 식으로 스토리를 만들어낼 수 있다. 완성된 스토리를 머릿속으로 다시 한 번 떠올리자. 자연스럽게 다섯 나라의 순서가 암기되었을 것이다. 사실 굉장히 유치하고 말이 되지도 않는 내용이다. 하지만 이런 식으로 스토리가 이어지게 만들어놓으면 절대 잊어버리지 않는다.

이렇게 첫 글자를 이용하여 암기할 대상을 떠올리는 과정에서 중요한 것은 추상화된 개념보다는 구체적으로 이미지화할 수 있는 것을 떠올려야 연상하기 쉽다는 사실이다. '정의', '평화'처럼 추상적인 단어들은 머릿속에서 상상하기도 애매하고 나중에 기억을 떠올릴 때도 헷갈릴 수 있으니 주의하자.

자신에게 가장 쉬운 방법 하나만 있으면 된다

반드시 이 같은 방식으로 외워야만 하는 것은 아니다. 세계 지도 보는 것을 좋아해서 각 국가의 위치를 알고 있다면 다른 방식도 가능하다. 여기서도 순서와 이미지를 활용할 것이다. 우선, 5개국의 순서를 보면서 자신이 기억하기 쉽게 판을 짜야 한다.

하나의 예시를 만들어보면 다음과 같다. 북반구와 남반구 중에

북반구 국가들이 먼저 발전한 경우가 많으니 북반구를 무조건 최우
선으로 설정할 것이다. 위아래 중에는 위를 먼저, 아래를 나중으로
하겠다. 동양과 서양 중에는 서양이 더 경제적으로 발전한 국가가
많으니 서양을 우선으로 하겠다. 이 순서는 국토 면적 순위를 보면
서 짜 맞추기 위해 만든 것이다.

　러시아의 영토가 세계에서 가장 넓다는 것은 상식이라고 가정하
자. 그러면 다음으로 북반구(미국, 캐나다, 중국)와 남반구(브라질) 중
에 북반구에 속한 미국, 캐나다, 중국이 우선이 된다. 서양과 동양 가
운데 서양을 우선으로 하자면 미국, 캐나다가 먼저이고 중국이 나중
이 된다. 그중에 캐나다가 미국 위쪽에 위치하니 캐나다, 미국, 중국
순이 된다. 마지막으로 남반구에 있는 브라질을 두면 5개국의 국토

면적 순위가 완성된다. 사실 내 경우는 이 방법이 더 편하게 느껴지나 사람에 따라서는 더 복잡하게 느껴질 수도 있다. 물론 한 가지 내용에 여러 암기법을 적용할 필요는 없다. 자신에게 가장 편하고 쉬운 방법 하나로만 암기하면 된다.

지하철 출구별 장소
쉽게 기억하는 법

암기법을 사용하는 것은 꼭 공부에 한정될 필요가 없다. 일상생활에서도 자연스럽게 새로운 장치들을 만들어가면 유용하다. 암기법을 많이 사용할수록 암기 기술이 늘어 공부할 때도 빠르게 새로운 장치들을 생성할 수 있기에 도움이 된다.

내 경우 지하철역별로 자주 이용하는 출구들이 있다. 서울대입구역에서는 미용실에 가기 위해 3번 출구, 잠실역에서는 석촌호수에 가기 위해 2번 출구, 신림역에서는 볼링장에 가기 위해 7번 출구로 나가야 한다고 해보자. 물론, 지하철역 안에 몇 번 출구로 나가면 무엇이 나온다고 쓰여 있다면 그것을 보고 가도 된다. 하지만 미용실이나 볼링장 등 대표 시설이 아닌 곳은 보통 쓰여 있지 않다. 그렇기에 자신만의 장치들을 만들어놓으면 편하다.

우선 서울대입구역에서 내가 가는 미용실은 3번 출구에 있다. 이런 경우 미용실과 숫자 3 사이의 연관 관계를 생각해보면 좋다. 미용실이 세 글자니까 3, 이렇게 간단하게 만들어도 된다. 잠실역에서 석촌호수에 가기 위해서는 2번 출구로 나와야 한다. 석촌호수는 야경이 아름다운 데이트 장소이고 보통 커플이 많이 온다. 실제 가족 단위로 오든 커플이 오든 사실 여부는 상관없다. 오직 나에게 가장 먼저 떠오르는 내용이면 된다. 커플은 2명이니까 2번 출구다. 마지막으로 신림역에서 볼링장에 가기 위해서는 7번 출구로 나와야 한다. 7은 행운의 숫자다. 나는 볼링을 잘 못 치는 편이라 운이 좋아야 (Lucky Seven) 점수가 잘 나온다. 그래서 7번 출구다.

이런 식으로 만드는 것이다. 더 많은 시간을 들여 고심하여 만든다면 훨씬 놀랍고 멋진 연상법들을 만들 수 있다. 이쯤에서 한 가지 의문이 드는 사람도 있을 것이다. 미용실이 세 글자라서 3번 출구라고 했는데, 볼링장도 세 글자라 3번 출구가 떠오르면 어쩌냐는 것이다. 그렇기에 이러한 숫자 연상법 역시 자기 자신이 직접 만드는 것이 중요하다. 내 경우 '볼링' 하면 떠오르는 것이 잘 칠 때도 있고 못칠 때도 있다는 것이다. 이건 순전히 내 실력과 운의 문제이다. 그래서 바로 '운'이라는 개념이 떠오르고 '운'하면 행운의 7을 떠올릴 수 있다. 반면, '미용실' 하면 그다지 바로 떠오르는 것이 없다. 그래서 좀 더 생각하다 미용실은 세 글자니까 3번 출구라는 식으로 연결했다. 하지만 누군가에게는 미용실 하면 떠오르는 다른 이미지, 기억, 생각 등이 있을 수 있다. 그것을 다시 숫사와 연결하면 된다. 즉, 자신에게 가장 먼저 연상되는 것들을 기준으로 만들어야 헷갈리지 않고 오래도록 기억할 수 있다.

나만의 암기법을 만드는 연습해보기

그렇다면 이번에는 다른 역들로 3개의 연상되는 내용을 직접 만들어보자.

1) 옥수역 5번 출구에 있는 수영장에 간다.
2) 낙성대역 4번 출구에 있는 빵집에 간다.
3) 강남역 11번 출구에 있는 영화관에 간다.

가능하면 오랜 시간을 들이기보다는 바로바로 떠오르는 것으로 만드는 것이 좋다. 나는 먼저 옥수역 5번 출구의 경우 숫자 5(오)와 발음이 같은 영문자 O(오) → 영문자 O(오)의 모양은 → 숫자 0(영), 그래서 수영장에서 '영'이 들어가니까 5번 출구라고 만들었다. 왠지 복잡하다고 생각되는가? 그렇다면 자신만의 다른 방법을 적용하면 된다. 나에게는 이 방법이 굉장히 쉽고 편하다. 당연히 사람마다 편하게 느끼는 방식은 다를 수 있다. 또한 자주 장치를 만들다 보면, 점차 쉽게 느껴지는 범위가 확장된다.

낙성대역 4번 출구의 빵집도 만들어보겠다. 빵은 밀가루로 만들었다. 밀가루를 많이 먹으면 몸에 안 좋아 죽을 수 있다(죽을 '死' 자와 숫자 4는 발음이 같다). 그래서 빵집을 4번 출구로 했다. 자, 이 내용에서도 사실상 말이 안 되는 부분이 있다. 빵을 많이 먹으면 죽는다고? 상식적이지 않은 헛소리다. 하지만 자기 자신에게 강하게 남아있는 기억이나 경험이 있으면 괜찮다. 내 경우 두드러기를 앓으면서 밀가루 음식을 피하라는 조언을 받았던 적이 있다. 그래서 '밀가루'

하면 안 좋은 기억의 잔상이 있다. 이를 활용하여 나만의 맞춤형 연상법을 만들어낸 것이다.

마지막으로 강남역 11번 출구에 있는 영화관이다. 혼자(1) 온 사람들끼리도 나란히 앉을 수 있는 곳이 영화관이다. 그래서 '1' 두 개가 나란히 있는 '11'번이 영화관이다.

이처럼 일부러 다양한 예시를 만들어보았다. 이렇게 만든 연상 내용은 본인만 알고 있으면 되고 누군가에게 설명하거나 보여줄 필요가 없다. 그렇기에 논리적으로 말이 안 되거나 반박의 여지가 있을 만한 내용이어도 상관없다. 자기 자신에게만 해당하는 특별한 기억이나 생각들이 포함된다면 더 잘 기억할 수 있다.

이렇게 생각해내는 데 시간이 오래 걸린다면? 처음에는 누구나 오래 걸릴 수 있다. 하지만 연습을 통해 점점 빨라진다. 자꾸 연습하다 보면 나중에는 자유자재로 활용할 단계에 이르게 되고, 공부에도 도움 될뿐더러 인생살이 전반에 유용한 기술이 될 것이다.

실전!

암기법으로

무엇이든 외울 수 있다

암기법은 다양한 사례를 접할수록 더 잘 이해하여 활용할 수 있다. 연습을 위해 암기 난이도에 따라 몇 가지 사례를 추가적으로 수록했다. 특정한 공부 분야가 아니어도 어디든 적용 가능하다는 점을 보여주기 위해 다양한 분야에서 적용해보았다. 가볍게 읽어보면서 어떠한 방식을 사용했는지 참고해보자.

올바른 맞춤법 찾기: '김치찌개' vs '김치찌게' 〈난이도 하〉

아직도 동네 식당 중에는 김치찌개를 '김치찌게'로 표기한 곳이 있다. 그만큼 '김치찌개'와 '김치찌게'가 헷갈릴 만한 어휘라 하겠다. 이를 쉽게 외우는 방법을 스스로 만들어보자. 우선 '개'와 '게'의 차이에 주목해보자. 하나는 '강아지' 할 때 개이고, 하나는 바다에 사는 꽃게의 게이다. 자, 그럼 김치찌개와 이 두 동물을 연결지어 만들어보겠다. 김치찌개가 냄비 안에 놓여 있다. 개는 냄비로 다가와서 김치찌개를 먹을 수 있지만 게는 먹지 못한다. 그러므로 김치찌'개'가 옳은 표현이라고 외울 수 있다. 여기서는 이미지화하여 스토리를 만드는 방식을 활용하였다.

천 원과 오천 원권 지폐에 그려진 인물은? 〈난이도 하〉

만 원권에 그려진 인물이 세종대왕이라는 것은 흔히 잘 알고 있다. 5만 원권 역시 최초로 여성이 그려졌기 때문에 신사임당이라는 것을 많이들 알고 있다. 하지만 1천 원권과 5천 원권에 그려진 인물은 퇴계 이황과 율곡 이이 중에 헷갈리는 경우가 많다. 이황과 이이는 성이 같아 더 헷갈리는 편이다. 이황이 1천 원권, 이이가 5천 원권에 그려져 있다. 한 번 각자 쉽게 외우는 방법을 생각해보자.

내가 생각한 방법을 설명해보겠다. 우선, 이름에 있는 숫자들을 적어보자. 이황에는 2가 한 번 있고 황은 숫자가 아니다. 이이는 22라고 쓸 수 있다. 이황의 2보다 이이의 숫자가 22로 더 크니까 금액이 더 큰 지폐인 5천 원권에 이이가 있다고 생각하면 외우기 쉽다. 여기서는 순서를 이용한 암기법을 변형하여 숫자 크기 간 비교하는 방법을 활용하였다.

더불어 신사임당은 율곡 이이의 어머니이다. 5만 원권과 5천 원권에 각각 그려져 있으므로 같은 5로 시작하니까 가족이라 생각하면 외우기 쉽다.

올바른 맞춤법 찾기: 결제 vs 결재 〈난이도 중〉

다음으로 카드 '결재'와 '결제'를 생각해보자. 우리가 카드로 결제를 하는 방법 중 카드를 쭉 긁어내려서 하는 방식이 있다. 카드를 쭉 긁어내리기 위해서는 막힘이 없어야 한다. 결재의 '재' 글자에 있는 'ㅐ'와 결제의 '제' 글자에 있는 'ㅔ'를 비교해보면 'ㅔ'에서는 막힘없이 긁어 내려갈 수 있다. 하지만 'ㅐ'에서는 막힘이 있다. 따라서 카드로 상품값을 지불하는 행위를 말할 때는 '결제'가 옳은 표현이라고 외울 수 있다. 여기서는 글자 모양을 이미지화에 적용하였다. 외우는 방식을 만들어내는 데는 상상력의 한계가 없다는 것을 보여준다.

또한 하나를 확실히 외워두면 나머지 하나는 저절로 외워지는 방식도 적용되어 있다. '결제'가 카드 결제라면 '결재'는 부장님 결재와 같이 승인을 받는 행위를 말한다. 이것은 외우지 않더라도 나머지 하나가 확실해지면 저절로 외워지는 것이다. 덧붙여 부장님 결재는 잘 통과되기 어려우니 막힘('ㅐ')이 있다고 외워도 되겠다.

경제학 용어: 밴드웨건 효과 vs. 스놉 효과 〈난이도 중상〉

경제학 용어 중 밴드웨건 효과와 스놉 효과를 암기해보자. 밴드웨건 효과는 남들이 사면 따라서 구매하는 심리를 표현하는 용어이다. 홈쇼핑에서 주문이 폭주한다고 하면 나도 덩달아 사고 싶어지는 것도 이러한 효과에 해당한다. 이런 용어를 처음 접했다면 어떻게 외워야 할까? 우선, 용어에 쓰인 단어 자체의 의미를 알아보는 것이 좋다. 밴드웨건은 '악대 마차'라는 뜻이라고 한다. 악대 마차가 지나가면 사람들이 우루루 따라오는 모습을 연상하여 만든 표현인 것이다. 악대 마차라는 단어를 처음 들어보았을 수 있다. 정확히 모르더라도 악기를 연주하며 지나가는 마차 같은 것을 상상하면 된다. 그렇다면 이미 단어의 뜻만 알아도 이미지로 만들 모습이 담겨 있다. 이런 경우에는 암기하기가 쉬워진다. '밴드'라는 단어는 우리가 잘 알고 있다. 즉, 밴드라는 말에서 악기 연주하면서 나아가는 사람들을 떠올리면 된다. 또한, 이를 뒤따르는 수많은 사람의 모습을 연상하라. 그러면 자연스럽게 밴드웨건 효과가 다른 사람들을 따라 행동하는 것이라는 뜻임이 기억될 것이다.

반대로 스놉 효과는 사람들이 해당 상품을 많이 구매하면 오히려 수요가 떨어지는 현상을 의미한다. 즉, 많은 사람이 다 똑같이 사면 희소가치가 떨어진다 생각하여 제품의 인기가 떨어지는 것이다. 주로 명품 같은 것이 이런 효과를 나타낸다. 명품은 남들에게 과시하고 싶어 구매하는 것인데 너도나도 다 구매하면 오히려 안 사게 된다는 것이다. 스놉 효과라는 단어를 암기할 때, 마찬가지로 스놉이라는 단어의 의미부터 살펴볼 수 있다. 스놉은 '속물'이라는 뜻이다. 결국, 속물처럼 과시하기 위해 남들이 다 살 수 있는 물건은 안 산다는 뜻인 것이다. 하지만 스놉이 속물이라는 뜻임을 원래 모르고 있었다면? 밴드웨건에서 '밴드'라는 단어를 통해 쉽게 이미지화할 수 있었던 것과는 다른 상황이다. 그렇다면 어떻게 해야 할까?

여기서부터 상상력을 발휘해보자. 하지만 난이도가 만만치 않다. 스놉과 속물을 연결할 수도 있으나 마땅히 떠오르는 것이 없다. 두 단어의 앞글자만 따서 '스속'이나 '속스'라고 해도 별로 입에 붙지 않는다. 그렇다면 좀 더 이미지화할 수 있는 명품이라는 단어에 스놉을 연결해보자. 내 경우 '명품' 하면 유명한 명품 가방 브랜드가 떠오른다. 자, 그럼 이제 책의 여백에 가방 모양을 하나 그려본다. 잘못 그려도 된다. 그 위에 SNOB이라는 단어로 브랜드명을 그려보라. 태어나서 내가 처음으로 디자인한 명품 가방 디자인과 브랜드 로고가 되는 것이다. 쉽게 잊어버릴 리가 없다. 이제 스놉이라는 단어만 보아도 명품이 떠오를 것이다. 명품처럼 과시가 목적이기 때문에 남들이 다 사면 안 산다는 뜻을 떠올릴 수 있을 것이다.

이렇게 갖은 방법을 동원하면 잘 안 외워지는 것들도 얼마든지 쉽게 외울 방법을 찾을 수 있다. 이때 중요한 것은 정상과 비정상, 합리성과 비합리성, 도덕과 비도덕 등 경계를 만들 필요가 없다는 것이다. 생각에 한계를 두지 말고 말도 안 되는 이야기도 일단 만들어보라. 그래야 더 재미를 느낄 수 있다. 그리고 더 오래 기억할 수 있다.

여름 철새 vs. 겨울 철새 〈난이도 상〉

이번에는 평소에 별로 외울 일이 없는 내용으로 연습을 해보자. 여름 철새는 봄, 여름을 우리나라에서 살다가 가을, 겨울에 따뜻한 남쪽으로 가서 사는 새를 말하고, 반대로 겨울 철새는 겨울에 우리나라에 와서 사는 새들을 말한다. 외워야 할 대상은 아래와 같다.

여름 철새 - 긴꼬리딱새, 백로, 청호반새, 팔색조
겨울 철새 - 가창오리, 두루미, 흑기러기

주관식 시험이라면 적어도 각각의 새 이름에는 익숙해질 수 있도록 반복해서 읽어볼 필요가 있다. 예컨대 '청'이라는 한 글자만 보아도 '청호반새'를 떠올릴 수 있어야 한다. 객관식 시험이라면 훨씬 쉽게 외울 수 있다. 이렇게 항목이 두 가지로만 나뉘는 경우 한 가지에 대해서만 명확하게 외워도 된다. 예컨대 여름 철새만 외워보자. 각 첫 글자가 긴, 백, 청, 팔이다. 이것들을 이용해서 말을 만들어보면, '여름에 팔이 보이는 백색(흰색) 셔츠에 긴 청바지를 자주 입는다'와 같이 만들 수 있다. 또한 이 문장을 외우기보다 흰 반팔 티셔츠에 긴 청바지를 입은 좋아하는 모델의 모습을 떠올려두는 것이 기억하기에 좋다. 이렇게 여름 철새의 앞글자만 외워도 객관식 문제를 잘 풀 수 있다.

남성과 여성처럼 둘로 나뉘어 인간이라는 전체 집단을 포괄하는 경우에는 하나만 외워도 문제를 풀 수 있다. 하지만 새에는 여름 철새, 겨울 철새만 있는 게 아니라 텃새도 있고 나그네새도 있다. 예컨대 '다음 중 겨울 철새가 아닌 것은?'이라는 문제가 나왔을 때 겨울 철새들 이름과 함께 여름 철새 하나가 포함되어 있다면 쉽게 답을 찾을 수 있다. 하지만 겨울 철새들과 더불어 텃새가 하나 포함되어 있다면 여름 철새만 외운 상황에서 답을 고르기가 어렵다. 결국 이런 경우는 겨울 철새 이름까지 암기해야 한다.

개인적으로 여름 철새보다 겨울 철새가 더 어려웠다. 겨울 철새들의 첫 글자인 '가', '두', '흑'이라는 글자로 마땅히 떠오르는 것이 없었다. 그래서 이번에는 좀 스타일을 바꿔보았다. 가창오리에서 '가창', 즉 노래한다는 것을 따왔고, 두루미에서 두루마기 옷을 떠올렸다. 흑기러기에서는 흑기사를 떠올렸다. '추운 겨울날, 두루마기를 뒤집어쓰고 가창을 하면서(노래를 부르면서) 구걸하는 소녀에게 흑기사가 나타났다'와 같은 이미지화할 문장을 만들었다. 이 장면을 떠올리면 두루미, 가창오리, 흑기러기를 자연스럽게 연상할 수 있다. 이렇게 만드는 데 시간이 좀 걸릴 것 같으면 더 쉽게 해도 된다. '추운 겨울날, 검은(흑) 두루미가 노래(가창)를 한다'처럼 간단해도 된다. 이미지를 잘 기억하는 것이 중요하다.

미리 외워두면 시험 기간에 다시 잊어버린다는 사람들이 있다. 그래서 어쩔 수 없이 벼락치기를 한다는 것이다. 그렇다면 시험 기간이 되기 전에 외울 부분들에 대해 이렇게 장치를 만들어놓기만 하자. 그러면 시험 기간에는 다시 이미지화만 한 번씩 해보면 전부 떠올릴 수 있다. 그렇게 저절로 외워질 것이고, 생애 처음으로 시간에 쫓기던 시험 기간에서 벗어나 시간이 남아도는 경험을 하게 될 것이다.

Q&A:
암기법,
정말 효과 있을까?

암기법에 대해서는 특히 의아해하거나 궁금해할 부분이 많으리라 생각한다. 확실한 이해를 위해 자주 하는 질문에 대한 답변도 함께 준비했다.

Q: 암기법을 따르면 확실히 쉽게 암기될 것 같긴 하다. 그런데 언제 다 이렇게 만드나? 실제 가능한가?

A: 실제 외워야 할 내용이 많다면 모든 내용에 장치를 걸어두는 작업은 쉽지 않다. 나 역시 모든 부분을 이런 방식으로 외우지는 않는다. 우선 공부할 부분을 반복하여 읽고 나서 헷갈리는 부분을 가려내는 작업이 꼭 선행되어야 한다. 헷갈리는 내용 중 두세 번 이상 반복해서 보아도 잘 안 외워지는 부분들에 표시를 해두었다가 암기법을 활용하면 좋다.

Q: 예시를 보면 쉬워 보이는데. 직접 하려니 잘 안 된다. 그렇다면 소질이 없는 건가?

A: 누구나 처음에는 쉽지 않을 것이다. 하지만 그 단계만 넘어가면 얼마든지 쉽게 할 수 있다. 운전이나 수영, 스케이트를 배우는 것과 마찬가지다. 배운 지 일주일 만에 운전이나 수영의 고수가 되는 사람은 없다. 처음에는 누구나 시행착오를 겪게 마련이다. 하지만 자주 연습하고 점점 익숙해지면 나중에는 누구든지 능숙해질 수 있다. 일단 운전을 잘하게 되면 처음 가보는 길에서도 당황하지 않고 잘 이동할 수 있다. 마찬가지다. 암기법 역시 익숙해지면 어떠한 공부 분야에서든 손쉽게 암기할 수 있다.

Q: 그냥 외우는 게 더 편한 것 같다. 이 방법을 꼭 써야 할까?

A: 이 방법을 꼭 쓰지 않아도 된다. 다만, 여기서 말하는 '편하다'는 의미를 생각해볼 필요가 있다. 무작정 외우면 같은 내용을 반복하기만 하면 되니 당장은 더 편할 수 있다. 하지만 결국 외운 내용을 더 빨리 잊어버릴 것이다. 그러면 다시 외워야 하는데 그것이 장기적으로 편할지는 의문이다. 처음에 장치를 만드는 데 시간이 좀 더 걸리더라도 오래 기억할 수 있다는 점에서는 이 방법이 더 편하다 하겠다. 궁극적으로 외우는 데 들이는 시간은 획기적으로 줄여주면서 기억량은 훨씬 늘려줄 것이다.

나만의 암기법을 만드는
핵심 요령

지금까지 소개한 암기법들은 내가 평소에 자주 활용하는 것들이다. 누누이 말하지만 이대로 따라 할 필요는 없다. 자신에게 더 적합한 방식의 암기법을 만들어내면 좋다. 다만, 지금까지 내가 고심하며 생각해온 과정에서 깨달은 것들이 있다. 자신만의 암기법을 쉽게 만들기 위해 도움 될 몇 가지 원칙을 소개하겠다. 이 원칙들을 활용한다면 암기법을 만들어내는 게 한결 수월할 것이다.

우선, 추상적인 것은 항상 구체적인 것으로 만들어라. 추상적인 개념은 우리 기억 속에 오래 남아 있기가 어렵다. 구체화한다는 것은 좀 더 기억하기 쉬운 형태로 바꿔주는 것을 말한다. 이를 위해 앞서 소개한 것처럼 이미지화가 가장 좋은 방법이다. 외워야 할 대상을 어떻게든 이미지로 나타내보라. 보통 오늘 외운 내용이 내일 기억이 안 나기에 우리는 잊어버린 것을 다시 공부할 수밖에 없다. 하

208

지만 이미지화를 잘하면 10배 이상 오래 기억할 수 있다. 이미지화를 한다고 해도 잊어버릴 수는 있다. 하지만 다시 그 이미지를 떠올리는 순간 또다시 오래도록 기억이 연장되는 경험을 할 것이다.

다음으로 자신의 모든 지식이나 기억들을 연계하여 스토리를 만들어라. 내 경우는 외워야 할 대상과 비슷한 기억이나 지식이 있다면 어떻게든 꼭 연결을 짓는다. 그것이 실제 지식과 정확하게 일치하지 않아도 상관없다. 내 기억 속에서 내가 정의 내리는 것이 곧 법이다. 내가 지닌 기존의 기억과 연결하여 이야기를 만들면 떠올리기가 훨씬 쉬워진다. 주변 지인이나 연예인 등을 활용하여 암기하는 방법처럼 관심 있는 것들을 활용하여 암기법을 만들어낼 수 있다. 그뿐만 아니라 발음이 비슷하거나 숫자가 상징하는 것이나 뭐든지 다 연결하여 새로운 스토리를 창조하면 된다.

순서를 이용하라. ㄱ, ㄴ, ㄷ도 순서가 있고 a, b, c에도 순서가 있다. 숫자에도 당연히 순서가 있다. 이 순서들을 암기할 대상의 전후관계에 활용하라. 또한 왼쪽, 오른쪽 혹은 위, 아래 중에도 자신만의 순서를 정해두면 좋다. 왼쪽이 항상 먼저라고 생각할 수도 있고 위가 먼저라 생각할 수 있다는 것이다. 예전에 왼쪽과 오른쪽을 한자로 쓸 때, 左(좌)와 右(우) 이 두 글자가 항상 헷갈렸다. 그래서 글자 내에서 동일한 부분을 제외하고 '工(공), 口(구)'만으로 물건을 만들거나 고치는 데 쓰는 도구를 의미하는 '공구'라는 말로 암기했다. 나에게는 항상 왼쪽이 먼저라는 규칙을 만들어두었기 때문에 左가 좌,

右가 우가 되었다. 만약 자신이 평소에 생각하는 순서와 반대로 된 경우에는 물구나무를 서는 것과 같이 뒤집어서 이미지화해야 한다.

상상력의 한계에서 벗어나라

이러한 암기법에서 가장 중요한 것은 상상력에 한계를 두지 않는 것이다. 무엇이든 만들어낸다는 자신감에서 시작하면 어떠한 내용이라도 다 암기할 수 있다. 암기가 하나의 놀이가 되는 것이다. 바로바로 생각이 나지 않는가? 생각이 나지 않아도 전혀 손해가 아니다. 사실상 오래 걸릴수록 이득인 부분도 있다. 무엇인가 장치를 만들기 위해 자기도 모르게 계속 반복하여 읽으면 그것 자체가 또 공부가 된다. 억지로 외우기 위해 반복하는 것과는 질적으로 다르다. 공부할 내용에 자연스럽게 반복 노출이 되면서 저절로 공부가 되는 효과가 발생하는 것이다.

Chapter 7
내
성격에
맞는
공부 자극법
찾기

공부 자극에도
나만의 취향이 있다

지금까지 공부에 대한 기존 관념에서 벗어나 새롭게 공부를 대하는 방법을 소개하였다. 사람이 변하는 것은 결코 쉬운 일이 아니다. 하루아침에 모든 것이 바뀔 수는 없다. 하지만 각각의 방법을 순차적으로 연계하여 활용하면 과거와는 달라진 자신의 모습에 분명 놀랄 것이다. 꼭 한 번 믿고 실천해보길 바란다. 이를 통해 인생에서 가장 중요한 많은 게 변화할 것이다.

하루하루 공부를 이어나가는 과정에서는 여전히 어려운 부분들이 존재할 수 있다. 내 경우에도 어떤 날에는 쉽게 공부에 집중할 수 있고 공부가 그렇게 부담스럽지 않다. 반면, 어떤 날에는 정말 하기 싫고 무기력하다. 이처럼 큰 차원에서 공부에 대한 부담감을 줄인 이후에도 매일매일 마음을 다잡기 위한 노력도 필요하다. 이번 Chapter 7에서는 하루하루 공부를 이어가기 위한 공부 자극 방법에 관해 이야기하고자 한다.

내가 어렸을 때만 해도 공부를 시키기 위해 가장 효율적인 방법은 때리고 혼내는 것이었다. 독서실에 늦은 시간까지 강제로 가둬놓거나 학교뿐만 아니라 학원에서도 숙제를 안 해 오면 체벌을 하곤 했다. '다 너희를 위한 것'이라는 미명하에 폭력적인 수단과 방법들이 총동원되었다.

개인적으로 이러한 극도로 강제적이고 폭력적인 방법들을 이용하는 것은 시대착오적이라 생각한다. 나처럼 억압적인 방식에 치를 떠는 사람에게는 이러한 통제가 오히려 반발심만 불러일으키고 역효과를 일으킬 수 있다. 나 같은 사람에게는 공부에 따른 보상을 주거나 스스로 동기부여를 하는 방식이 더 잘 맞는 편이다.

반면, 내 고등학교 친구 중에는 학원에서 강제로 공부를 시키지 않으면 절대 스스로 공부하지 않는 아이도 있었다. 그나마 하루 중 유일하게 공부를 하는 시간이 학원에 있을 때였고, 학교에서도 학원 숙제만 하였다. 그 친구는 스스로도 학원의 필요성을 인정했고 자신에게 많은 도움이 되었다고 하였다. 자기 힘으로는 자신의 생활을 통제하는 것이 어렵다 보니 외부에 의해 통제된 환경이 필요했던 것이다.

이처럼 사람마다 공부 자극을 위한 방식은 다를 수 있다. 전문가들의 이론에 따르면, 외적 보상이나 처벌보다는 내적인 동기부여가 더 지속적인 효과를 발휘한다고 한다. 하지만 그들이 지적하는 것은 외부에서 타인이 강제하는 보상과 처벌을 의미한다. 스스로 자율적으로 선택한 보상과 처벌은 공부할 때 긍정적인 자극을 줄 수 있다.

장단기적으로 여러 자극방식을 자유자재로 사용하는 것이 훨씬 더 유리하다. 어느 것이 맞고 틀리다고 할 수 없다. 다만, 자신에게 맞는 방식을 잘 찾아내는 것이 중요하다.

공부 자극을 위한 네 가지 대표 유형

공부 자극 유형의 첫 번째는 보상을 통한 자극이다. 여기서 보상은 공부를 열심히 하면 칭찬이나 물질을 제공해주는 등 무엇인가로 그 노고를 인정하는 것이다.

두 번째는 벌칙을 통한 자극이다. 벌칙은 앞서 설명한 것처럼 제대로 하지 않으면 체벌을 하는 행위도 포함된다. 하지만 여기서 소개할 방식들은 그렇게 극악무도한 타인에 의한 처벌은 아니고, 생활하면서 스스로 적용할 수 있는 간단한 규칙 같은 것들이다.

세 번째는 스스로 동기부여를 하는 방식이다. 이 방식은 자신의 꿈이나 목표를 찾고 그 꿈을 실현하기 위해 스스로 노력하는 것을 포함한다. 사실 이 책의 서두에서 이런 방식이 누구에게나 통하는 것은 아니라고 비판적으로 언급하였다. 특별히 꿈이 없거나 하고 싶은 것이 없는 사람들에게 억지로 적용해서는 안 된다. 하지만 이 방식이 통하는 사람들도 분명 있다. 어쩌면 자기 자신도 아직 깨닫지 못하고 있었으나 이 방식으로 자극이 될 수 있다.

마지막 네 번째는 매사 의욕이 없는 사람들에 대한 내용이다. 매사에 의욕이 없는 사람들은 사실상 어떤 자극을 주려 하여도 소용없는 경우가 많다. 즉, 공부 자극이 가장 어려운 유형이기 때문에 별

도의 대책이 필요하다.

지금부터 이 네 가지 유형을 자세히 다루고자 한다. 모든 사람이 이 유형들 중 하나에만 속하는 것은 아니다. 즉, 공부 자극을 위해 보상이면 보상, 벌칙이면 벌칙 한 가지만 활용할 것이 아니라 여러 가지를 혼합하는 게 더 좋을 수 있다는 것이다.

예컨대 내 경우는 주로 보상과 동기부여 두 가지 방식을 이용하여 공부 자극을 한다. 보상 같은 경우는 한 시간 혹은 두 시간, 내가 끝내야 할 공부를 마치면 보고 싶었던 웹툰을 한 편 본다거나 먹고 싶었던 간식을 먹는다. 아니면 유튜브에서 보고 싶었던 5분짜리 동영상을 하나 본다. 그러고 나서 바로 이어서 공부를 하거나 예정한 분량을 다 마쳤으면 공부를 끝낸다.

동기부여의 방식에도 여러 가지가 있다. 우선, 학교 시험이나 토익 등 어학 시험은 높은 성적을 받은 내 모습을 상상하는 것만으로도 좋은 동기부여가 되는 편이다. 또한 직업적으로는 한의사가 되어 내가 운영하는 한의원에서 진료하는 모습을 상상하는 것도 공부할 때 좋은 동기부여가 된다.

이렇게 나는 보상과 동기부여를 주로 활용하지만 각자 자신의 성향에 따라 적합한 방식을 취하면 된다. 보상이나 동기부여라는 동일한 유형 내에서도 구체적인 내용은 사람마다 또 달라질 수 있다.

학습 자극 유형

테스트

번호	문 항	Y	N
1	꼭 이루고 싶은 나만의 목표가 있다.		
2	스마트폰이나 TV, 컴퓨터를 하는 시간이 많은 편이다.		
3	평소 자주 우울해하는 편이다.		
4	공부를 왜 해야 하는지 이유를 잘 모르겠다.		
5	공부 계획을 세워도 잘 지키지 못하는 편이다.		
6	공부 말고 다른 재밌는 것이 많이 있다.		
7	꼭 하고 싶은 미래의 직업이 있다.		
8	혼날 때보다 칭찬을 받으면 더 열심히 한다.		
9	공부뿐만 아니라 다른 것에도 의욕이 없다.		
10	남들과 다른 나다운 삶을 꿈꾼다.		

이 테스트는 공부할 때 자신이 어떤 자극을 받았을 때 더 잘 반응하는지 파악하기 위해 고안되었다. 이 테스트의 결과가 100퍼센트 정확한 것은 아니니, 스스로 느끼기에 자신을 더 잘 자극하는 방법이 있다면 그것을 쓰면 된다. 다만 아직 자신의 성향이 어떠한지 파악하기 어려운 사람들은 이 테스트 결과를 가이드로 활용하면 좋을 것이다.

결과 해석

2, 6, 8번 문항 중 Y를 표시한 개수 - 고래형 ( )개

2, 5, 6번 문항 중 Y를 표시한 개수 - 라쿤형 ( )개

1, 7, 10번 문항 중 Y를 표시한 개수 - 치타형 ( )개

3, 4, 9번 문항 중 Y를 표시한 개수 - 나무늘보형 ( )개

가장 많은 Y를 표시한 동물 유형을 중심으로 공부 자극을 주면 좋다. 완전히 0이 아닌 항목들에 대해서는 적절하게 섞어서 활용하는 것이 더 효율적이다. 이제 각 유형에 대한 자세한 사항을 구체적으로 살펴보자.

보상을 통해 춤추게 만드는
고래형

하루 중 가장 행복한 순간은 언제인가? 무엇을 하고 있을 때 가장 마음이 즐겁고 편안한가? 누군가에게는 하루 동안 할 일을 다 끝내고 잠들기 전 침대에 누워 스마트폰을 할 때가 가장 행복한 순간일 수 있다. 누군가에게는 달콤한 디저트를 한입 물었을 때 가장 행복할 수 있다. 좋아하는 아이돌 영상을 볼 때, 좋아하는 게임을 할 때 등 다양한 순간이 있을 것이다. 이제부터 자신이 가장 행복하다고 느끼는 순간들을 서너 가지 정도 생각하여 종이에 적어보자. 이때, 중요한 점은 다른 사람들의 시선은 전혀 신경 쓸 필요 없다는 것. 순수하게 내 관점에서 내가 좋아하는 행위들을 생각해야 한다. 떠올리기만 해도 기분이 좋은 순간들일 테니까 비교적 쉽게 작성할 수 있을 것이다.

그러면 이제부터 게임을 시작할 것이다. 게임의 룰은 간단하다.

앞으로 내가 가장 행복한 순간들을 겪기 위해서는 오늘 정해진 계획대로 공부해야 한다. 그 계획은 온전히 자기 자신이 만든 것이기 때문에 누구도 강요하거나 강제하고 있지 않다. 내 생각에 따라 자율적으로 선택한 것이다.

공부 시간이 두세 시간 이상이라면 한 시간 정도마다 쉬는 시간을 두고 자신을 행복하게 만드는 소소한 행동을 해도 좋다. 한 시간 공부를 했다면 쉬는 시간은 10~20분 정도가 좋다. 두 시간을 공부한 다음에는 20~30분까지 쉬어도 괜찮다. 뒤로 갈수록 쉬는 시간을 늘리는 것이 일반적으로 더 오랜 시간을 공부할 수 있게 해준다.

예컨대 웹툰을 좋아한다면 한 시간 공부를 마치고 웹툰 한 편을 볼 수 있게 자신만의 룰을 정할 수 있다. 두 시간 공부를 마치면 다른 웹툰을 두 편 더 볼 수 있다. 두 시간은 더 달성하기 어려운 것이니까 보상도 늘려줄 수 있다. 아이돌을 좋아한다면 아이돌 영상을 한 편 시청해도 좋다. 영상의 길이는 10분 이내인 것을 추천한다. 정해진 목표치를 달성하지 못했다면 절대 행복을 주는 행동을 해서는 안 된다. 마치 무더운 여름날, 일부러 물도 마시지 않고 30분을 걸어 호프집에 도착하여 시원하게 맥주 한 잔을 마시는 기분처럼 평소보다 더 행복한 순간을 맛볼 수 있을 것이다. 혹시 미성년자라면 사이다라고 생각해도 된다.

이처럼 보상과 벌칙을 통해 공부 자극을 주는 것은 공부를 일종의 게임이라 생각하고 그 게임에 참여해야만 가능하다. 아무도 보는 사람이 없다고 마음대로 룰을 어기고 행동해서는 안 된다. 한 시간 공부를 했으면 웹툰 한 편만 보기로 했는데 멈추지 못하고 다음 편을 계속 보는 것도 규칙 위반이다. 더 보고 싶으면 추가적인 공부를 끝내고 보아야 한다. 이처럼 일단 게임에 참여하기로 하였다면 정해진 룰을 끝까지 준수해야 한다. 우리가 처음에 자기 자신만은 속이지 않기로 약속했던 것처럼 말이다.

보상 계획을 최대한 촘촘하게 세워라

우리가 보상을 통한 자극에서 자주 실패하는 이유는 장기적인 보상만 세워놓기 때문이다. 예컨대 시험에서 최종적으로 합격하면 부모님이 새로 나온 아이폰을 사주기로 약속했다고 해보자. 아이폰을 극렬히 좋아하는 사람이라면 이것도 충분히 자극을 줄 수 있는 보상이다. 하지만 장기적인 보상은 매일매일을 움직이게 하는 원동력이 되기는 어렵다. 컨디션이 좋거나 공부하고 싶은 마음이 드는 날에는 도움 되지만 그렇지 않은 날에는 별 효과가 없다.

그래서 보상을 통해 자극을 받는 고래형인 사람들은 시간 단위, 일 단위, 주 단위, 월 단위, 최종 목표 달성으로 촘촘하게 보상 계획을 만드는 것이 좋다. 우선, 시간 혹은 일 단위로 세울 수 있는 보상은 일상적이고 반복적인 것이 좋다. 내가 평소에 자주 하는 것들이 효과가 좋다. 원래는 쉽게 할 수 있었던 것들이지만 이제는 아닌 게 되는 거다. 쉬는 시간이나 공부를 마친 후에 영상이나 웹툰을 보는 것도 좋고, 간단한 게임 한 판도 좋다. 간식을 먹는 것도 괜찮은 방법이다.

주 단위나 월 단위로 줄 수 있는 보상은 좀 더 큰 게 좋다. 영화관에 가서 영화 한 편을 본다거나 좋아하는 음식점에 가서 맛난 음식을 먹는 것 등이 될 수 있다. 일주일에 한 번 정도 치킨을 시켜 먹는 편이라면 이번 주의 목표를 달성해야만 치킨을 시켜 먹는 것도 좋다. 시간 단위나 일 단위 보상과 마찬가지로 우선 내가 일주일 혹은 한 달 단위로 기존에 하던 행위들 중에서 찾아보는 것이 좋다.

마지막으로 최종 목표 달성에 대한 보상은 평소에 갖지 못한 것이나 해보지 못한 것이 좋다. 이것이 나머지 보상들과 최종 목표 달성 보상이 지닌 가장 큰 차이점이다. 최신 아이폰이나 게임기를 사는 것, 유럽 여행 등이 될 수 있다. 자기 돈으로 자기에게 보상을 줄 수도 있고 부모님과의 약속을 통해 보상을 획득할 수도 있다.

자신만의 보상 달성 기준을 만들어라

보상 달성에 대한 기준은 예컨대 한 주의 계획 중 80퍼센트 이상을 달성하였다면 보상을 받게 룰을 정할 수 있다. 목표 달성 퍼센트는 더 높이거나 낮춰도 좋다. 너무 낮게 잡거나 100퍼센트로 너무 완벽을 추구하는 것은 되도록 피하자. 처음에는 70퍼센트 정도로 잡았다가 나중에는 90퍼센트까지 올려 나아가는 것도 한 방법이다. 하지만 이 기준의 단점은 초반에 이미 계획 달성에 실패한다면 후반부에 열심히 할 의욕을 갖기 어렵다는 것이다.

이처럼 아직 공부 계획을 지키는 것이 익숙하지 않은 사람이라면 비율이 아니라 횟수 기준으로 정할 수도 있다. 예컨대 공부 계획을 달성한 날 기준 7일째마다 보상으로 치킨을 시켜 먹을 기회가 생기는 것이다. 이 방식의 단점은 계획을 계속 미룰 수도 있다는 것이다. 이를 방지하기 위해 7회 달성을 하지 못하면 평생 치킨을 먹을 수 없게 해야 한다.

두 가지 방식의 보상 달성 기준

기준	장단점
주간 계획 중 80% 달성 시 보상	- 계획을 비교적 잘 준수하는 편이라면 지속적인 공부 자극을 주는 데 적합한 방식임. - 단, 예를 들어 월~화요일 계획 달성 실패 시 나머지 요일에 모두 성공하더라도 주간 계획은 달성 실패가 되므로 주 초반에 이미 의욕이 저하될 수 있음.
7회 달성 시 보상	- 계획을 지키는 것이 어려운 공부 초보자에게 추천. - 예컨대 월~화요일 계획 달성 실패 시에도 앞으로 7회, 즉 이번 주 수~일요일, 다음 주 월~화요일까지 계속 계획을 달성해야 치킨이라는 보상을 받을 수 있으므로 지속적인 의욕 유지 가능(단, 계속 미루지 않도록 정말 좋아하는 것을 보상으로 설정할 필요가 있음).

보상을 통한 자극은 '칭찬은 고래도 춤추게 한다'는 말처럼 자기 자신에게 충분한 보상을 줌으로써 하루하루 목표를 성취하기 위해 나아갈 수 있는 작지만 강한 힘을 줄 것이다.

벌칙을 두려워하는

라쿤형

열심히 하면 선물이나 상품을 주겠다는 말은 달콤한 유혹처럼 들린다. 하지만 보상에 민감하게 반응하지 않는 사람이 있을 수 있다. 예시로 들었던 웹툰이나 아이돌 영상 보기 같은 것에 관심이 없는 유형이다. 그 밖에도 공부와 쌓은 담이 너무 높아서 마땅히 자신을 자극해줄 보상이 없는 사람이라면 반대로 벌칙방식을 적용할 수 있다. 벌칙을 적용해야 하는 사람들은 대개 보상방식이 적합한 사람들보다 공부하기를 더 싫어하는 이들이다. 부정적인 자극이 긍정적인 자극보다 더 강렬하기 때문이다.

요즘 사람들에게 가장 좋은 벌칙은 스마트폰 사용 금지다. 자신이 정한 계획에 따라 공부를 하지 않았을 때는 그 기간만큼 스마트폰 사용을 안 하는 것이다. 이 역시 자신과의 약속이기 때문에 꼭 지켜야 한다. 처음부터 무리하게 계획을 잡지 않았다면 얼마든지 지킬 수 있을 것이다.

아직 혼자만의 힘으로 규칙을 지키는 것이 어렵다면 가족에게 부탁해도 좋다. 자신과의 약속을 지키지 못하면 스마트폰을 맡기겠다고 미리 공언하는 것이다. 스마트폰뿐만 아니라 TV나 컴퓨터 사용 금지도 좋다. 음악 감상 금지도 있을 수 있다. 일상적으로 사용하거나 하는 행위 중 즐거움을 주는 것에 제한을 가하는 것이다.

효과 만점의 벌칙을 정하는 방법

보상방식에서 했던 것처럼 벌칙방식을 적용할 때에도 단기, 장기에 따라 벌칙을 정하는 것이 좋다. 예컨대 일 단위나 주 단위로 공부 계획을 지키지 못했다면 벌칙을 받는 것이다. 벌칙 기간은 계획을 지키지 못한 기간 만큼 하는 것이 좋다. 일 단위 계획을 지키지 못했다면 하루 동안, 주 단위 계획을 어겼다면 일주일 동안 스마트폰 사용을 금지하는 것이다. 만약 일주일간 스마트폰 사용을 안 하기로 하거나 TV·컴퓨터 사용을 금지했다면 그 금지 기간 내내 계획을 잘 지켜 다음 주부터는 다시 사용할 수 있게 한다.

벌칙방식 역시 계획의 80퍼센트 이상을 달성하면 성공하는 것으로 정할 수 있다. 합격 퍼센트는 자신이 임의로 정하면 된다. 다만 보상방식처럼 장기적으로 목표를 달성하였다고 해서 주어지는 상은 없다. 그만큼 벌칙이라는 것은 눈앞에 있는 괴로움을 피하기 위한 방식에 더 가깝다. 따라서 벌칙의 한 가지 방식만으로 자극을 주는 것보다 보상이나 동기부여 등 다른 긍정적인 방식과 조합하는 것도 좋다.

하지만 자신이 현재 처한 상황이 불행하다면 장기적인 목표 달성이 탈출구 역할을 해줄 수도 있다. 예컨대 직장생활을 하면서 자격증 공부를 하는데 시험에 합격해야 퇴사를 할 수 있는 것이다. 만약 떨어진다면 다시 직장생활을 지속해야 한다. 이러한 경우는 자신이 직접 설정한 것은 아니지만 장기적인 벌칙이 존재하는 셈이다. 다른 시험도 마찬가지다. 이번에 떨어지면 내년에 이 생활을 또 해야 한다는 것 자체가 일종의 벌칙으로 작용할 수 있다. 내가 지금 사는 동네가 마음에 안 드는데, 이곳에서 벗어나고 싶다는 마음 역시 원동력이 될 수 있다. 이를 피하고자 공부하는 것에 자극이 된다면 긍정적으로 볼 수 있다.

벌칙에도 기발한 상상력을 발휘하라

일반적으로 벌칙의 종류는 자신이 마음대로 정할 수 있다. 당연한 이야기지만 적어도 자신이 하기 싫어하는 것이어야 한다. 여기서 한 가지 주의할 점이 있다. 절대 해서는 안 될 벌칙이 있다. 몸을 심하게 피곤하게 하거나 컨디션을 해치는 벌칙은 안 된다. 예컨대 벌칙으로 잠 안 자고 밤새우기, 평소보다 2배 많이 공부하기 등을 정해서는 안 된다. 몸이 피곤하면 사실 아무것도 제대로 할 수 없다. 그 시간에 공부가 잘될 리가 없다. 이미 계획에서 틀어진 부분은 그것대로 인정하는 태도가 필요하다. 다음 계획부터 잘하면 되지, 그것을 만회하기 위해 잠을 안 자거나 무리하게 공부하는 것은 어리석은

태도다. 밀린 계획을 따라잡지도 못할 뿐만 아니라 컨디션만 안 좋아져서 그 이후의 계획까지도 차질을 빚게 된다. 벌칙의 종류를 정할 때 절대적으로 주의해야 할 부분이다.

그렇게 몸을 혹사하는 벌칙보다는 재미있는 벌칙을 만들어보는 것을 추천한다. 사실 공부를 재밌게 하는 방법은 지금 자신의 상황을 계속 게임이나 예능 속 상황이라 생각하는 것이다. 당신은 게임의 주인공이거나 예능 출연자다. 예컨대 고기를 무척 좋아한다면 고기를 먹지 않는 것이 벌칙이 될 수 있다. 일주일 동안 고기는 못 먹고 소처럼 풀만 먹어야 한다. 괴롭지만 재미있는 벌칙이며 몸을 혹사하지도 않는다.

내가 상상했던 벌칙 중에는 '지옥의 2호선 열차 순환'도 있다. 교통카드와 공부할 책만 들고 2호선 순환 열차에 타는 것이다. 스마트폰은 절대 들고 타면 안 된다. 공부는 하나도 안 하고 스마트폰만 할 가능성이 있다. 2호선이 한 바퀴 도는 데에는 약 한 시간 반이 걸린다. 한 바퀴를 돌 동안 다른 역에서 내려서는 안 된다. 다시 원위치로 돌아와야 한다. 한 시간 반 동안 공부를 하는 것이 벌칙인 셈이다. 지하철 안에서도 규칙적으로 열차가 내는 소리가 백색소음 역할을 해주어 집중하는 데 도움이 될 수 있다. 아주 붐비지만 않는다면 말이다. 하지만 상상만 했을 뿐 내가 실제로 해본 적은 없다.

우리는 예능 프로그램에서, 연예인들이 벌칙을 받으며 괴로워하는 모습을 보면서 즐거워한다. 내가 당하면 괴롭지만 남이 당하면 즐겁다. 벌칙은 사실상 괴로움과 재미라는 양면성을 갖는 것이다. 이렇게 벌칙이라는 것도 공부하는 데서 일종의 재미를 주는 요소로 활용될 수 있다. '혼자 뭐 하는 짓인가?'라는 생각은 접어둬라. 그렇게 고지식하게 공부를 하려다 보니 계속 답답하고 지루해지는 것이다.

벌칙을 두려워하는 라쿤형의 사람들에게는 가벼운 벌칙들이 자극제가 되어 공부를 지속해 나아갈 힘을 줄 것이다.

스스로 방향을 찾아가는

치타형

　이 유형이 가장 잘 맞는 사람들은 어떻게 보면 축복받은 사람들이다. 사실 동기부여를 통해 원하는 목표를 성취하는 것이 쉬운 일이 아니다. 그럼에도 스스로 동기부여를 하고 이에 따라 움직일 수 있는 사람이라면 분명 원하는 결과를 이룰 가능성이 크다.

　스스로 동기부여를 한다는 것은 어찌 보면 뻔한 말이다. 교육이나 심리 전문가들이 좋아하는 것으로 흔히 듣던 말이다. 그렇기에 여기서는 한 차원 높은 수준의 동기부여방식을 소개할까 한다. 예컨대 당신이 지금 원하는 대학에 합격하기 위해 준비 중이라면 직접 그 대학교에 가보라는 말을 들어보았을 것이다. 직접 캠퍼스를 걸어보면서 마치 이미 그 대학의 학생이 된 것처럼 말이다. 여기서 한 단계 더 나아간다면 대학 측에 문의하여 원하는 전공 수업을 직접 청강해볼 수도 있을 것이다. 실제로, 한 고등학생이 대학 수업 시간에 청강하는 모습을 본 적이 있다. 그 학생은 멀리 전라남도에서 서울까지 와서 자기가 꿈꾸는 대학의 전공 수업을 한 시간 듣고 돌아갔다. 그 수업을 들으면서 자신의 꿈이 더 확고해졌을 수 있다. 어쩌면 상상했던 것과는 달라 실망했을 수도 있다. 어떤 생각을 하였든지 간에 그 학생은 머릿속으로만 상상하던 다른 학생들보다 한 발 더 꿈에 가까워졌다고 볼 수 있다.

꿈이 막연하거나 없는 이유

꿈, 목표가 막연하거나 없는 이유는 우리 머릿속에서만 존재하기 때문이다. 우리가 상상하는 이미지만으로 판단하여서는 그것이 진정 어떠한 것인지 알기 어렵다. 수년 전에, 동남아 여행을 가서 처음으로 망고스틴이라는 과일을 먹었을 때 너무 맛있어서 충격을 받았다. 한국으로 돌아오고 나서도 또 먹고 싶다는 생각을 했다. 하지만 망고스틴을 한 번도 안 먹어본 사람에게 그 맛을 상상해보라고 한다면 어떨까? 먹어보지도 않은 것을 먹고 싶다 꿈꾸기는 쉽지 않다. 그렇기에 직접 경험하지 못하면 충분한 동기부여가 되기 어렵다.

내가 서른 중반의 나이에 다시 한의대에 입학해야겠다고 마음을 먹고 가장 먼저 한 일은 직접 한의사를 만난 것이었다. 같이 식사를 하고 술도 한잔하면서 그 직업에 대한 많은 이야기를 직접 들었다. 내가 그동안 책이나 다른 사람들의 이야기, TV 다큐멘터리를 통해 들어온 것과 실제 현업에 종사하는 이에게 듣는 이야기는 전혀 달랐다. 어떤 분야이든 간에 직접적인 당사자가 아닌 경우에는 본질에서 벗어난 이야기에 더 관심이 많은 편이다. 또 다른 한의사와도 이야기를 해보면서 점점 더 확고한 목표를 만들어갔다.

우리는 사실 행동하지 않고 움츠리는 경우가 많다. 내가 로스쿨을 졸업하여 법조인이 되고 싶다고 생각해보자. 내 꿈을 좀 더 구체화하고 단단하게 하는 방법은 직접 로스쿨생을 만나보고 법조인을 만나서 이야기를 들어보는 것이다. 드라마에서 본 변호사의 이미지만으로 꿈을 확고히 하여 열심히 공부한다는 게 오히려 이상한 것이다. 이렇게 공부를 하여 변호사가 되더라도 실제 변호사의 삶은 상상했던 것과는 다르다는 생각에 뒤늦게 후회할지도 모른다. 이렇게 직접 만나고 경험해보라 제안하면 "내 주변에 로스쿨생이 없고 법조인이 없다"고 말할 것이다. 나도 사실 주변에 한의사는 없었다. 그럼에도 직접 이야기해보거나 만날 방법은 있다.

원하는 목표에 다가가는 가장 쉬운 방법

원하는 목표가 생겼다면 우선 그 목표를 이룬 자신의 모습을 자주 상상하라. 이것만으로도 놀라운 변화를 경험할 수 있다. 그러면 자신이 만나는 지인들에게도 그것에 관해 자주 이야기하게 될 거다.

그러면 당신의 주변인들 중 그 목표를 성취한 사람을 아는 이가 있을 것이다. 나도 그렇게 지인의 지인을 소개받을 수 있었다. 처음부터 소개받을 것을 기대한 건 아니지만 자주 그 생각을 하고 주변에 그에 관해 이야기를 하다 보니 자연스럽게 기회가 찾아왔다.

간절히 바라면 온 우주가 도와준다는 말이 있다. 이는 세계적 작가 파울로 코엘료의 소설《연금술사》에 나오는 구절이다. 이 말은 사실 미신적 요소가 강한 것처럼 느껴진다. 내 마음속으로 간절히 바란다고 우주가 도와줄 리가 있을까? 하지만 간절히 바라면 실제로 그것이 이뤄질 가능성이 매우 커진다. 그것이 우주의 힘이든 아니든 간에 말이다. 이는 간절히 바라면 바랄수록 내 주변에 그와 관련된 것들이 선명하게 보이기 시작하기 때문이다. 나는 평상시 패션이나 꾸미는 것에 관심이 별로 없다. 하지만 신발을 새로 사야겠다고 생각하면 길거리를 다니는 사람들이 무슨 신발을 신었는지 유심히 관찰하게 된다. 머리를 잘라야겠다고 생각하면 요즘 어떤 헤어스타일이 많은지 주변을 살피게 된다. 평소에도 얼마든지 볼 수 있었던 것이지만 관심을 집중하여 보면 평소에 안 보이던 것들이 보인다. 마찬가지로 간절히 바라는 것을 자주 생각하다 보면, 평소에 놓쳤던 것들을 볼 수 있게 된다. 점점 더 목표에 가까워질 수 있는 것이다.

하지만 주변 사람들의 지인 중에도 내가 원하는 목표나 꿈과 관련된 연결고리가 전혀 없을 수 있다. 설령 그렇더라도 전혀 실망할 필요는 없다. 그러한 경우에도 얼마든지 원하는 꿈을 이룬 사람을 만날 수 있다. 평소 간절히 바라면 인터넷을 하더라도 관련 주제에 대한 글이 눈에 잘 띌 것이고 많이 읽게 될 것이다. 요즘에는 블로그나 유튜브, SNS를 통해서도 자신이 하는 일에 대해 공유하는 사람이 많다. 앞서 언급한 법조인을 예로 들자면 변호사 중에도 블로그를 하는 사람이 많다. 자신의 마음을 울리는 글이 있다면 그 블로그를 운영하는 사람에게 직접 연락해볼 수 있다. 현재 자신의 상황에 관해 이야기하고 조언을 구할 수 있다. 이메일이나 쪽지로 간단히 대화할 수도 있겠지만 가능한 한 직접 만날 기회를 만드는 것이 더 좋다. 무조건 변호사면 오케이라고 생각하는 것보다 자신과 가치관이 유사한 사람한테 연락하는 게 좋다. 같은 변호사라고 모두가 자신의 직업에 대해 같은 생각을 하는 것은 아니다.

'연락했는데, 대답이 없거나 거절하면 어쩌지?'

이런 고민도 있겠다. 물론, 사람에 따라서는 거절을 할 수도 있다. 그 사람이 마침 바쁠 수도 있다. 그렇다고 상처받을 필요는 없다. 그러면 또 다른 사람을 찾아보면 된다. 거절을 두려워하여 행동하지 않으면 사실 아무런 변화도 없다. 여전히 내 머릿속의 상상이 전부인 것이다. 대개 우리의 마음을 움직이는 글을 쓴 사람이라면 마찬가지로 우리가 진심을 담아 도움을 요청했을 때 그에 응해주는 경우가 많다. 내 경험에 의하면 항상 그래왔다.

스스로 동기부여를 한다는 것은 이처럼 어렵지 않게 시작할 수 있다. 우선, 그것에 대해 자주 생각하자. 그리고 꿈을 이룬 자신의 모습을 상상하자. 여기에 조금의 용기를 내어 꿈을 구체화하기 위한 실질적인 행동을 하라. 그러면 점점 더 그 목표에 가까워질 수 있다.

구체적인 꿈이 없더라도 동기부여를 하는 방법

동기부여방식으로 자극을 주기 위해서는 구체적인 꿈이 있는 것이 좋다. 하지만 꿈이라는 것은 알다시피 억지로 만들려 노력한다고 생기는 것이 아니다. 마치 애인을 사귀는 것처럼 말이다. 다행인 것은, 꿈이 없는 사람들도 동기부여방식을 활용할 수 있다는 것이다. 그러한 사람들의 특징은 남들과 다른 나만의 개성을 갖고자 하는 욕망이 강한 사람이다.

예컨대 자격증만 수십 개를 딴 사람이 있다. 사실 서로 관련이 없는 분야의 자격증이 많다고 취업에 유리한 것도 아니다. 단지 이 사람은 자격증을 많이 따는 것 자체가 목적이지, 이를 통해 어떤 직업을 가지려 한 것이 아니다. 그럼에도 그에게는 자격증이라는 것이 충분한 동기부여가 된다.

나 역시 처음 일본어 공부를 시작했을 때 학교 친구들이 다 배우는 영어가 아닌 혼자 남다른 언어를 구사해보고 싶다는 생각도 있었다. 이처럼 이유가 엉뚱해도 괜찮다. 다른 이들과 차별화되는 나만의 강점이나 전문 분야를 만들고 싶다는 욕망은 동기부여 차원에서 충분한 원동력이 된다.

자주 의욕을 잃어버리는
나무늘보형

　삶에 크게 의욕이 없거나 무엇을 시작해도 쉽게 의욕을 잃는 사람들이 있다. 사실 보상이나 벌칙, 동기부여를 하기 위해서는 어느 정도의 의욕이 필요하다. 나도 이제 변화해보겠다는 의지가 있어야 적극적으로 새로운 방향을 모색하게 된다.

　하지만 의욕이 자주 사라지는 편이라면 어떻게 해야 할까? 딱히 재미있는 것도 없고, 좋아하는 것도 없는 사람들도 있다. 그들은 공부에서도 의미를 찾기 어려울 수 있다. 일단 그렇다면 우선 공부를 하는 일 자체가 중요한 게 아니라 잃어버린 의욕을 되찾는 것이 선행되어야 한다.

　이런 증세가 우울증 수준이라면 의사나 심리 치료사 등 전문가와의 상담이 필요하다. 여기서 전문적인 치료를 다룰 수는 없기에 심한 수준은 아니지만, 의욕을 자주 상실하는 사람들에 대해서만 다루도록 하겠다.

우선, 의욕이 없는 사람들은 만사가 귀찮아 주로 집에만 있게 된다. 집에 있다 보면 스마트폰을 하거나 TV를 보면서 시간을 보내기 십상이다. SNS에서 나와 달리 즐거워 보이는 사람들을 보면서 우울해질 수도 있다. 이처럼 타인의 즐거움은 나에게 우울함으로 다가올 수 있다. 반대로 각종 부정적인 뉴스나 댓글들을 보면서 기분이 처질 수도 있다. 포털 메인에 뜬 기사들은 대개 부정적인 내용뿐이다. 뉴스만 보면 세상이 온통 악으로 가득 찬 듯하고 잘못된 것들은 바꾸기 어려울 성싶다. 그런 생각을 하다 보면, 점점 더 의욕도 사라진다. 악순환이 반복되는 것이다.

우울함의 악순환에서 벗어나는 방법

이 악순환의 고리는 영원하고 당연한 것처럼 느껴질 거다. 세상이 별로 의미 없게 느껴질 수도 있다. 하지만 여기서 벗어나는 것이 사실 생각보다 어렵지 않다. 먼저 손에서 스마트폰을 내려놓고 TV나 컴퓨터를 끄자. 화장실로 가서 샤워하거나 가볍게 세수를 하자. 지금부터 외출할 준비를 할 것이다. 화장을 해도, 좀 멋을 부려도 된다. 옷도 자기가 좋아하거나 좀 괜찮다고 생각하는 것을 골라 입는 편이 좋다.

그리고 근처에 걸을 만한 곳이 있다면 산책을 하고 오자. 공원이 있다면 공원까지 다녀와도 된다. 어디가 되었든 간에, 목표 지점을 설정하는 것이 좋다. 그래서 그곳까지 그저 갔다가 오는 것이다. 카페에 다녀온다면 잠깐 앉아 있다가 오는 것도 좋다. 햇살이 내리쬐는 낮에 이렇게 외출을 하고 오는 것만으로도 충분히 기분 전환이 될 수 있다. 꺼져가는 의욕이 되살아날 수 있다.

여러 사람이 모여 있지만 너무 번잡하지 않은 곳에 가보는 것도 좋다. 결국 완전히 혼자일 때보다 다른 사람들 속에 어우러질 때 의욕도 살아나는 법이다. 나는 의욕이 떨어지거나 우울한 날에는 주로 스마트폰을 들여다본다. 하지만 우울한 날일수록 인터넷은 독이다. 점점 더 부정적인 방향으로 감정이 증폭된다. 이것은 사실 내 잘못이 아니라 인터넷 자체가 그렇게 설계되어 있기 때문이다. 더 자극적이고 갈등을 조장하는 내용이 눈앞에 먼저 보인다. 그런 내용을 접하는 시간이 길어질수록 내 감정 역시 점점 더 피폐해지는 것이다.

그런 날에는 가볍게 산책을 하거나 서점에 가서 책들을 보는 편이 좋다. 서점에 들어가면 일단 사람이 많고 그들보다 더 많은 책이 있다. 의무감에서 보아야 할 책을 살피지 말고, 자유롭게 마음이 끌리는 곳으로 가서 책을 좀 보면 기분이 나아진다. 주변에는 할아버지도 있을 것이고, 꼬마 아이도 있을 것이다. 연령대에 무관하게 다들 무언가에 몰두하고 있는 모습이 보인다. 이것만으로도 충분한 자극제가 된다.

이처럼 우울한 기분이 들거나 의욕이 없을 때는 그 상태를 유발하는 상황에서 벗어나는 것이 가장 좋은 해결책이다. 그리고 대개 집에서 스마트폰이나 TV를 보고 있을 때 이런 감정이 유발될 가능성이 크다. 따라서 밖으로 나가는 것이 가장 좋은 해결책이 될 수 있다.

밖에 나가지 않고 의욕을 되살리는 방법

하지만 시간이 너무 늦었거나 귀찮거나 미세먼지가 많아서 결국 나갈 수 없는 상황도 있다. 그럴 때는 크게 두 가지 방법을 추천한다.

첫 번째, 음악을 활용하는 것이다. 음악이 지닌 힘에 대해서는 여러 번 강조해도 지나치지 않다. 기분을 전환하는 데에서 음악 또한 큰 힘을 발휘한다. 내 감정을 긍정적으로 만드는 음악을 미리 찾아두는 것이 좋다. 우리의 기분은 사실 부정에서 긍정으로 방향이 전환되는 터닝 포인트만 찾으면 어이없을 만큼 쉽게 바뀔 수 있다. 이를 위해서는 내가 지금 어떤 감정인지 인식하는 것이 우선이다. 내가 지금 우울하고 의욕 없다는 상황을 인지하는 순간, 여기서 벗어나는 방법들을 이용하면 된다.

두 번째, 가볍게 몸을 움직이는 것이다. 여기서도 마법의 10분은 유효하다. 오래 움직일 필요도 없다. 요즘에는 유튜브에서 검색해보면 하루 7분이나 10분 정도씩 짧게 운동하는 영상도 많다. 그 영상을 틀어놓고 영상 속의 사람을 따라서 몸을 움직이기만 하면 된다.

매우 짧은 시간이니 크게 부담도 되지 않는다. 사실 정신이라는 것은 신체 활동의 영향을 받을 수밖에 없다. 정신과 육체는 결국 하나인 것이다. 속는 셈 치고 몸을 움직여보라. 분명 몸의 활력이 되살아나는 걸 느낄 수 있을 것이다.

이처럼 사라진 의욕을 되찾기 위해서는 공부처럼 부담되는 것을 하기보다는 기분 전환을 시켜주는 것이 좋다. 최대한 가볍게 10분만 변화의 시간을 갖자. 우리의 마음은 생각보다 쉽게 열린다.

민주가 직접 세운
공부 자극 계획

　민주는 평소에 공부를 5분도 하지 않았다. 시험 기간에만 바로 전날 벼락치기를 하는 정도였다. 이제 좀 달라져야겠다고 생각했지만 어디서부터 시작해야 할지 몰랐다. 우선은 하루 50분씩만 공부를 해보기로 했다. 당장 많은 시간을 들이는 것은 부담스러웠고 이 정도는 할 수 있을 것 같았다.

　민주는 평소에 친구들과 돌아다니는 것을 좋아하고 한시도 가만히 앉아 있지 못하는 편이었다. 그래서 우선 공부를 하기 전에 조용한 피아노 음악을 듣기로 했다. 음악을 들으면서 마음을 안정시키고 공부할 만한 분위기를 만들어보고 싶었다. 10분 정도 음악을 들으면서 분위기를 조성하고 50분간 공부하는 것이 목표였다.

　그녀에게는 좋아하는 아이돌이 있어 자주 유튜브로 영상을 찾아보곤 했다. 앞으로는 하루 50분 공부량을 달성해야만 아이돌 영상을 시청하기로 했다. 하루에 너무 오래 시청하는 것도 문제가 될 것 같아 하루 30분까지만 보기로 했다. 〈시간 단위 보상〉

일주일간 주어진 계획을 달성하면 그녀가 좋아하는 디저트 카페에 가서 마카롱을 먹는 보상을 주기로 했다. 보상방식은 7회 달성 시 보상이라 이번 주에 한두 번이라도 실패하면 다음 주 초에야 카페에 갈 수 있었다. 워낙에 단것을 좋아하는 편이라 하루라도 빨리 가기 위해 충분히 노력할 계기를 제공해줄 것이다. 〈주 단위 보상〉

우선 이번 달 동안은 무슨 일이 있어도 계획한 대로 열심히 해보기로 했다. 그래도 주변 사람들에게 '민주가 한다면 한다'라는 것을 보여주고 싶은 마음이 있었다. 만약 이번 달이 끝날 때까지 공부를 이어나가지 못하고 중간에 포기한다면 다음 한 달간 스마트폰 사용을 금지하기로 했다. 엄마한테도 말해놓았다. 〈월 단위 벌칙〉

아직 꿈이라는 것은 명확히 없다. 무엇을 위해 공부를 해야 하는지도 잘은 모른다. 하지만 전 세계를 무대로 다양한 사람을 만나며 살아보고 싶다. 몇 년 전에 괌으로 가족 여행을 다녀오고 나서든 생각이다. 그러다 보니 외국어 공부를 열심히 해야겠다는 생각도 들었다. 앞으로 블로그나 유튜브를 통해 해외를 무대로 살아가는 사람들의 글을 읽고 나에게 맞는 진로도 찾아봐야겠다고 생각했다. 〈동기부여〉

민주는 자신이 평소 좋아하는 것과 싫어하는 것 등을 이용하여 꼼꼼하게 공부 자극 계획을 세우고 있다. 물론, 아직 불확실하거나 보완할 부분도 있다. 하지만 이렇게 시작하였다는 점에서 앞으로 발

전할 가능성이 매우 크다. 우선 자기 자신을 솔직하게 돌아보는 것부터 시작하면 된다. 그리고 마치 게임의 규칙을 만들듯이 하나씩 엮어가기만 하면 훌륭한 공부 자극 계획이 완성될 것이다.

공부가 좋아지면
얻을 수 있는 것들

지하철 안에서도 버스 안에서도 다들 온통 스마트폰 화면을 보고 있다. 요즘 밖에서 책을 읽는 사람은 거의 보기 드물다. 물론, 스마트폰을 통해서도 좋은 정보들을 얻을 수 있고 원하는 공부를 할 수도 있다. 하지만 책이 주는 즐거움을 잊어버린 사람이 많은 것 같아 아쉽다.

지금까지 공부하기 싫어하는 마음을 없애기 위한 다양한 방법과 각 단계를 쭉 소개하였다. 이 내용을 바탕으로 자신에게 최적화된 방법을 만들어낸다면 분명 공부가 훨씬 수월해질 것이다. 그것만으로도 이 책은 그 역할을 충분히 해내었다고 생각한다.

하지만 마지막 한 단계에 대해서는 일부러 언급하지 않았다. 결국, 마지막에 도달했으면 하는 단계는 무엇인가를 새롭게 알아갈 때 그 자체로 즐거움을 느끼는 것이다. 배움에 대한 호기심의 충족에서

오는 기쁨 말이다. 이 부분은 말처럼 그리 쉽지 않다. 아무리 누가 그렇게 해보라고 지시한다고 해서 되는 것이 아니다. 스스로가 자연스럽게 그러한 느낌을 받는 날과 만나야 한다.

예전에 남들이 많이 배우지 않는 제2외국어를 공부하는 사람들에 대한 기사를 본 적이 있다. 그들은 라틴어, 핀란드어, 태국어 등 우리가 평소 잘 접하지 못하는 언어들을 공부하고 있었다. 사실 실용적인 측면에서 생각하자면 그 시간에 영어나 중국어를 공부하는 것이 맞다. 영어만 잘해도 전 세계를 다니며 소통하는 데 큰 문제가 없다. 취업이나 승진 때도 영어나 중국어 실력을 먼저 요구한다. 또한 기사에 나온 것처럼 바쁜 직장인들이 일주일에 한두 번씩 모여 공부하는 정도로는 해당 언어를 유창하게 구사하는 수준까지 도달하기란 어렵다. 모여서 깨작대는 정도에 불과하다.

그럼에도 공부하는 이유는 무엇인가? 무엇을 위해서 이렇게 비효율적으로 보이는 공부를 하는 것일까? 호기심과 재미다. 스펙을 쌓기 위한 것도 아니고, 이민 가려는 것도 아니다. 다만, 새로운 언어와 문화에 흥미가 생겨 그것을 좀 더 알아가고자 하는 자연스러운 마음이다. 이들이 공부하는 방식에는 사실 공부를 즐기고자 하는 사람들의 태도가 자연스럽게 녹아 있다. 공부하기 좋은 장소에 모여 혼자 공부하는 것이 아니라 여럿이 함께 같은 목표를 바라보고 있다. 해당 언어를 완벽하게 구사하는 것이 목표가 아니기에 부담 없이 즐거움을 추구할 수 있다.

공부하기에서 가장 이상적인 상황은 이런 것이 아닐까 싶다. 지금 당장 시험을 위한 공부를 하고 있다면 현실적이지 않은 이야기일 수 있다. 하지만 조금씩 공부에 대해 마음을 열어보길 바란다. 공부를 통해 얻을 수 있는 것은 스펙, 취업, 승진 같은 실용적인 차원을 넘어선다.

공부 그 자체가 주는 즐거움을 느꼈다면 무엇인가 새롭게 알아가는 것의 재미를 느끼게 된다. 수백 년 전에 살았던 사람과도 옆에서 같이 대화하는 듯한 감정을 느낄 수 있다. 그가 쓴 책을 통해서 말이다. 사실 우리가 책 한 권 분량만큼 깊이 있게 이야기를 나눈 친구가 얼마나 많은가? 책을 통해 그러한 친구들이 수없이 늘어날 수 있는 것이다. 아직은 이러한 말에 공감하기 어려울 수도 있다. 한 단계씩 나아가다 보면 분명 이러한 생각에 이르는 날이 올 것이다. 이런 변화들이 결국 삶을 훨씬 더 풍요롭고 행복하게 만들어줄 것이다.

나는 아직 공부할 수 있다는 사실이 좋다. 앞으로 공부할 게 많다는 것도 좋다. 당신도 앞으로의 삶에서 지금보다 공부와 편안한 관계가 되어 행복하기를 진심으로 기원한다.

무엇을 위해 지금 노력해야 하는가?

대학을 졸업한 지 10여 년 만에 다시 대학을 다니다 보니 남들이 겪지 못하는 감정들도 갖게 된다. 마치 감명 깊게 본 영화를 다시 처음부터 보는 기분이랄까. 영화를 처음 볼 때는 아무래도 주된 스토리라인에 집중하게 마련이다. 하지만 다시 보자면 처음에는 스쳐 지나갔던 사소하지만 유의미한 부분까지 음미하게 된다. 이번 대학생활의 의미 역시 나에게는 이렇게 다가왔다.

시험 기간에는 서울대에서 공부했던 기억들이 어렴풋이 떠오른다. 기숙사 빨래 건조실에서 친구들과 모여서도 공부했고, 혼자 방이나 침대에서 하기도 했다. 좋은 직장에 취직하기 위해 열심히 공부했고 조금이라도 더 좋은 학점을 받기 위해 노력했다. 학점뿐만 아니라 토익, 제2외국어, 동아리, 해외 인턴, 봉사 활동까지 쉬지 않고 해냈다.

지금 와서 돌아보면 사실 그때 그렇게까지 열심히 노력하지 않아도 괜찮았다. 어차피 그렇게 열심히 노력하여 입사한 회사를 결국 퇴사하고 나왔으니까. 그때 쌓은 스펙들은 더 이상 아무 의미가 없다. 그간의 노력이 다 물거품이라 볼 수도 있는 것이다. 그러한 차원에서 지금 다시 대학을 다니는 것이 굉장히 손해가 아니냐는 사람들도 있었다.

하지만 혼자서 아무리 고민해보아도 그때나 지금이나 내가 처한 상황에서 최선의 선택을 했다는 생각이 든다. 지금처럼 미래가 바뀔 것을 알고 그 당시로 다시 돌아간다면 어떨까? 그렇더라도 그때처럼 살지 않았을까 싶다. 인생의 한 시기를 열심히 살았다는 것은 그것만으로 충분히 만족스러운 것이다.

지금 다시 대학을 다닌다는 것은 마치 인생을 두 번 사는 기분이다. 남들은 보통 한 번 경험하는 것을 전혀 다른 분야에서 두 번에 걸쳐 경험하고 있으니, 또 다른 사람으로 살아보는 것 같아 그만큼 더 재미있다. 또 이제는 정말 후회 없는 삶을 살아야겠다는 다짐도 다시 한 번 하게 된다.

이제 대학을 나와서 언제 돈을 모아 집을 사고 자녀를 낳을지 걱정해주는 사람도 많다. 하지만 인생에 종착지가 있는 것도 아니며 누구나 꼭 거쳐야 하는 단계가 있는 것도 아니다. 그러한 것들이 있다고 생각하는 사람들은 여전히 다음 단계로 올라가기 위해 열심히 노력한다. 그들의 삶이 나름대로 가치가 있는 만큼 내 삶에는 내 나름의 가치가 있다. 자기 인생의 가치는 누가 결정하고 판단하는 것이 아니라 온전히 자신만이 선택하고 부여할 수 있는 것이다.

내가 돌아온 길과 비교한다면 대다수 사람은 여전히 나보다 많은 시간과 가능성을 지니고 있는 셈이다. 지금 어떠한 상황에서 힘들어하고 있더라도 늦었다고 생각할 필요는 전혀 없다. 인생의 주인은 바로 자신이다. 자기 스스로 가치를 부여하면 그때부터 그것이 가장 의미 있는 삶이 된다.

지금 현재를 충실히 살아간다는 것은 그 자체로 무척 멋진 일이다. 누군가가 먼 미래에 생길지도 모를 결과만 보고 그러한 노력이 결국 아무 의미가 없었다고 말할 수도 있다. 하지만 그건 대개 살면서 어떠한 노력도 해보지 않은 사람의 말일 것이다. 알 수 없는 미래 때문에 현재가 흔들려서는 안 된다.

당신이 어떠한 이유에서 공부하든 상관없다. 자신의 삶에 충실한 그 모습 자체는 아름다운 것이고 누구도 뭐라 평가할 수 없는 것이다. 나를 포함한 많은 사람이 당신의 그러한 삶을 응원할 것이다. 마지막으로 평소 스마트폰 잠금화면에 저장해놓은 반 고흐의 말로 마무리를 하고자 한다.

"무엇을 시도할 만한 용기도 없으면서 멋진 삶을 바란단 말인가?"

이 책을 통해 당신의 삶에 작게나마 다시 한 번 시작해보고자 하는 마음이 생겼다면 더없이 기쁠 것이다.

부록

나만

몰랐던

잘못된

공부 습관

개선법

나름대로 열심히 공부한 것 같은데 성적은 오르지 않았던 경험이 있는가? 그래서 나는 왜 지지리 운도 없어서 열심히 해도 안 되는 건지 고민했던 적이 있는가? 물론, 정말 운이 없었을 가능성도 있으나 매번 같은 상황이 반복된다면 그것은 운이 아닌 실력의 문제이다. 열심히 해도 실력이 오르지 않는다면 분명 공부방식이 잘못된 것이다.

공부하기 싫어하는 마음은 우리에게 알게 모르게 여러 부작용을 낳는다. 그중에서도 가장 심각한 문제는 우리의 공부방식을 왜곡된 방향으로 이끈다는 점이다. 하지만 놀랍게도 자신의 공부방식이 잘못되었다는 사실조차 모르는 사람이 많다. 이렇게 잘못된 습관을 모른 채 공부를 해나가면 쉽게 무너지는 모래성을 쌓는 것과 같다. 결국 수많은 시간과 노력을 투자하고도 남는 것은 아무것도 없게 된다.

부록에서 소개하는 몇 가지 대표적 유형은 공부하기 싫어하는 마음을 이겨내고 공부하려다 나타나는 잘못된 공부 패턴들이다. 본인의 공부방식과 유사한 것은 없는지 한 번 확인해보자. 어쩌면 본인의 모습이 그대로 적나라하게 드러나는 부분에 대해서는 인정하고 싶지 않을 수도 있다. 누구나 자신의 잘못된 습관을 지적하는 것을 쉽게 받아들이기란 어려운 일이다. 하지만 인정하지 않으면 변화도 없는 법이다. 누구든지 자신도 모르게 이러한 습관을 지니고 있을 수 있다.

중요한 점은, 그건 당신의 잘못이 아니며 지금 그걸 책망하는 것도 아니라는 사실이다. 단지 공부를 싫어하는 마음으로 인해 발생한 괴물과 같은 것이다. 그러니 지금부터라도 마음속 괴물을 내쫓고 새롭게 달라지는 계기로 삼길 바란다.

A.

시험 직전에만
열을 올리는 유형

평소에는 전혀 공부를 안 하다가 시험 직전에만 바짝 열심히 하려는 사람이 대다수다. 자신이 속한 집단에 따라 다르겠지만 보통 80~90퍼센트 이상이 이러할 것이다. 학교 중간고사나 기말고사는 이 방식이 통할 수 있다. 공부량이 그다지 많지 않은 자격증 시험도 그렇다. 바짝 공부해도 괜찮은 점수를 받거나 합격할 수 있다.

하지만 문제는 장기적으로 준비하는 시험에서도 막판에만 바짝 공부하려는 사람들이다. 예컨대 수능처럼 1년 이상 준비해야 하는 시험에서는 마지막 1주일 혹은 한 달 동안 열심히 한다고 원하는 만큼 성적 상승을 이루기란 극히 어렵다. 그럼에도 이제부터는 진짜 열심히 하겠다고 뒤늦게 마음을 다잡는다. 물론, 끝까지 아무런 노력을 하지 않는 사람보다는 낫다. 하지만 마라톤을 뛰는데 42킬로미터를 계속 걷다가 마지막 195미터만 열심히 뛴다고 좋은 결과가 나오겠는가? 수험 기간 내내 균형적으로 꾸준한 대비가 되어 있어야 한다.

심리학에는 '최신 효과(Recency Effect)'라 하여 최근의 일을 과거보다 더 잘 기억하는 경향을 설명하는 용어가 있다. 오디션이나 경연에서 마지막 순서에 있는 참가자의 무대가 더 잘 기억에 남아 높은 점수를 받기 유리한 것도 이에 해당한다. 마찬가지로 마지막 기간에만 열심히 노력하였던 자신의 모습을 떠올리며 난 그래도 이번 시험에 최선을 다했다고 자위하는 사람들마저 존재한다. 이들은 그동안 노력하지 않았던 자신에 대해서는 잊어버린다는 점에서 더 위험하다. 자기 자신을 있는 그대로 바라보지 않으면 절대 지금과 같은 패턴에서 벗어나기 어렵다. 인정하기 싫더라도 우선 자신을 객관적으로 바라보자. 다른 변명이나 이유를 댈 필요도 없다. 그저 내 노력이 부족했다고 볼 수 있다.

이처럼 장기전에 약한 사람들은 평소에는 전혀 긴장감도 없고 걱정도 없다. 그러다 시험 직전에 와서는 불안과 긴장이 극도로 높아진다. 평소 준비한 것이 부족하다고 느끼기 때문에 더 불안해지는 것이다. 과도한 긴장 때문에 원래 실력조차 제대로 발휘하지 못하는 경우가 많다.

이를 극복하기 위해서는 우선 단기적으로 준비하는 시험부터 충분히 계획을 세워 벼락치기하지 않는 연습을 하는 것이 좋다. 우선, 단거리 달리기부터 연습한 후에 장거리로 넘어가는 것과 같은 원리이다. 앞서, 벼락치기는 공부에 대한 안 좋은 기억을 심어주기 때문에 좋지 않다고 말했다. 단기간에 무리하게 하려다 보니 공부 자체에 대한 부정적인 기억을 계속 강화할 뿐이다. 거기에 더불어, 하루 이틀 정도 단기간만 노력했음에도 생각보다 괜찮은 결과가 나왔다고 여긴다. 이 역시 벼락치기를 계속하게 만드는 요인으로 작용한다. 하지만 장기전에서는 이 규칙이 성립되지 않는다. 바짝 공부한다고 해도 점수가 전혀 오르지 않을 수도 있다. 그럼에도 단기전에서 성공했던 기억만으로 장기전을 똑같이 생각하는 실수를 범하고 마는 것이다.

따라서 장기적인 계획을 제대로 세우기 위해서는 단기적인 시험에서부터 계획을 짜고 실천하는 연습이 필요하다. 이 단기적인 계획을 실천하는 것이 익숙해진 다음에야 장기전을 대비할 수 있다. 이때에도 장기 계획 전체를 생각하기보다 계획을 쪼개어 여러 개의 단기 계획으로 만드는 것이 좋다. 장기전에 대해서는 아직 시간이 많이 남았다고 생각하고 안일해지는 것이 항상 문제가 되기 때문이다. 단기 계획들로 쪼개어놓는다면 매 기간마다 끝내야 할 부분들이 있으므로 뒤늦게 발동이 걸리는 일을 예방할 수 있다. 이때 Chapter 7에서 설명한 자신에게 맞는 공부 자극들을 활용해야 계획을 성공적으로 완수할 수 있을 것이다.

B.
공부 시간만
채우는 유형

　공부는 하기 싫지만, 안 할 수는 없으니 자리에 앉아 어떻게든 시간만 채우는 사람이 있다. 이러한 사람의 특징은 인터넷 강의를 좋아한다. 공부라는 것은 능동적으로 자신의 두뇌를 회전시켜야 제대로 습득이 된다. 아무리 좋은 강의를 듣더라도 자기 것으로 소화하는 시간을 갖지 않는다면 진정한 의미에서 자신의 지식이 될 수 없다.

　하지만 인터넷 강의를 듣는 경우 적극적으로 내용을 습득하려는 사람과 수동적으로 들으면서 딴생각도 하는 사람 사이에 겉보기에는 별 차이가 없다. 그래서 딴생각하면서 인강을 틀어놓기만 해도 부모님은 '우리 애가 열심히 공부하고 있구나'라고 생각할 수 있다. 이를 정확히 알 수 있는 것은 사실 자기 자신뿐이다. 하지만 이러한 유형의 사람들은 자기 자신을 속이게 된다. 인강을 켜놓고 제대로 집중한 건 얼마 안 되면서 나는 오늘도 꽤 많은 시간 공부했다고 스스로 뿌듯해하는 것이다. 중국 작가 리샹룽의 책 제목처럼 '당신은 겉보기에 노력하고 있을 뿐'이다.

인터넷 강의가 위험한 것은 이렇게 스스로 공부 시간을 포장하는 용도로 사용될 수 있다는 것이다. 그뿐만 아니라 한 번 강의를 듣는 것으로 끝난다면 머릿속에 남는 건 거의 없다. 필기하거나 정리한 내용을 바탕으로 스스로 생각하는 시간을 갖는 것이 필수적이다. 하지만 계속 새로운 강의만 찾아다니며 공부 시간만 반복적으로 채워나가게 된다.

학원이나 과외 수업을 받는다고 해보자. 이 역시 학원에 다니거나 과외를 받는다는 것 자체는 아무 의미도 없다. 그것 자체에서 만족감을 느껴서는 절대 안 되며 불안감을 해소해서도 안 된다. 그 수업을 바탕으로 내가 무엇을 얻어갈 것인가를 스스로 고민해봐야 한다.

공부 시간보다 중요한 것은 자신이 이해한 분량이다. 사실 우리나라에서는 예전부터 양 중심으로 판단하는 경우가 많았다. 내 고등학교 시절 때는 무조건 자는 시간을 줄이고 공부 시간을 늘려야 좋은 대학에 갈 수 있다는 말이 있었다. 어떻게 효율적으로 공부했는가보다는 밤에 코피를 흘리면서 공부하면 열심히 노력하는 사람이 되었다. 하지만 무식하게 공부한다고 꼭 좋은 결과가 나오는 것은 아니다.

학교뿐만 아니라 직장도 마찬가지다. 일을 잘 못 하더라도 늦게까지 남아서 야근을 하면 더 칭찬받고 훌륭한 직원이 된다. 눈에 보이는 것이 그것뿐이기 때문이다. 반면, 서양의 선진국에서는 야근하면 일을 제시간에 끝내지 못하여 남아 있다고 생각한다. 오히려 그 사람을 무능하다고 본다. 양보다는 질적인 측면에서 효율을 강조하는 것이다.

자신이 습관적으로 양을 중시하고 있었다면 그것보다 질이 중요하다는 것을 몸으로 깨달아야 한다. 인터넷 강의의 경우 정해진 시간 동안 시청해야 하므로 질보다는 양에 치중할 수밖에 없다. 인강 위주로만 공부할 것이 아니라 자기가 스스로 공부하는 시간을 충분히 확보해야 한다.

또한 책이나 필기로 공부하는 시간에는 시간 단위로 계획을 잡지 말고 분량 단위로 계획을 세우는 것이 중요하다. 이는 모든 사람에게 추천하는 방식이지만 특히 공부 시간 중심의 사고를 지닌 사람들에게 더 중요한 부분이다. 하루에 정해진 공부 분량을 다 끝마쳤으면 시간이 남더라도 끝내도 좋다. 공부 시간, 즉 양에 대한 집착에서 벗어나야 한다. 그래야 이 습관을 끊어낼 수 있다. 시간이 남아 더 공부하는 것은 자유지만 누구도 강요하지 않는다. 이렇게 분량 위주의 습관을 들여야 공부 시간 중심의 사고에서 탈피할 수 있다.

C.

많은 양에

집착하는 유형

공부 시간 자체에만 초점을 맞추어 집중하지 않고 시간만 채우는 유형에 대해 언급하였다. '공부량'과 관련한 또 하나의 유형은 최대한 많은 문제를 풀어보려고 양에 집착하는 유형이다. 공부하는 분야에 따라 이렇게 양 위주로 접근하는 것이 도움될 때도 있다. 하지만 중요한 점은 이렇게 양 위주로 접근하는 사람 중 양 그 자체에만 집중하고 다른 것은 소홀히 하는 경우가 많다는 사실이다.

문제집을 한 권 푸는 것보다는 두 권 푸는 게 유리한 것은 당연하다. 하지만 한 권의 내용을 제대로 소화하지 못하고 양만 늘린다면 어떨까? 굉장히 비효율적으로 시간을 낭비하는 것이다. 예컨대 한 권의 문제집을 풀었는데 70퍼센트가량을 맞췄다고 해보자. 30퍼센트는 틀린 내용이다. 오답을 확인하면서 한 번 쓱 훑어보면 30퍼센트 중 10퍼센트 이하만이 내 것이 된다. 그 상태에서 새로운 문제집을 푼다고 해보자. 첫 번째 문제집에서 틀렸던 부분 중 절반 이상은 또 틀리는 것이다. 새 문제집에 새롭게 나온 문제 중 틀리는 것까지 포함하면 정답률은 여전히 70퍼센트 언저리에 머무를 뿐이다. 그렇게 아무리 반복해도 정답률이 오르는 속도는 매우 더딜 수밖에 없다. 이미 학습한 내용을 숙지하지 않고 새로운 것으로만 채우려고 하면 이런 결과가 나올 수 있다. 즉, 공부 시간을 많이 투입하고도 성적이 오르지 않는 이유다.

이렇게 새로운 문제집이나 책에 집중하는 이유는 여러 가지다. 우선, 스스로 다급하다고 생각하거나 불안한 것이다. 그래서 최대한 많은 문제를 풀어보고 싶고 여러 책을 참고하고 싶은 것이다. 또한 기존에 푼 문제들을 다시 보는 것은 일반적으로 재미가 없다. 원래 공부 자체가 지루한 반복의 과정인데, 기존에 푼 문제집을 다시 보는 것은 반복이 한 번 더 추가되는 것이다. 그나마 새 책으로 공부를 해야 지루함을 달래줄 수 있기에 새 책을 선호하는 것이다.

자신이 공부한 양에 대비하여 실력이 오르지 않는다면 복습 방법이 잘못된 것은 아닌지 한번 생각해볼 필요가 있다. 복습을 잘하려면 우선 처음 책을 볼 때부터 표시를 잘해두어야 한다. 내가 제대로 이해하지 못하거나 암기가 안 되는 부분들은 잘 표시해두고 복습 시 그 부분들을 위주로 보아야 한다. 이때, 중요도에 따라 다르게 표시하는 것도 좋다. 최소 두 단계 정도로 나누는 것이 좋다. 그래야 복습할 때 그나마 덜 지루할 수 있다. 매우 중요해서 꼭 다시 봐야 할 부분들과 단순히 잘못 알았던 부분 정도로는 나눌 필요가 있다.

나는 복습보다 새로운 진도를 나가는 것을 좋아한다. 그래야 뭔가 더 공부한 것 같고 성취감도 크기 때문이다. 하지만 복습이 굉장히 중요하다는 것을 알기 때문에 복습을 위해 다른 방법을 적용한다.

우선, 복습의 장점은 대개 새로 필기를 하기 위해 책상에 앉아서 각 잡고 보지 않아도 된다는 것이다. 그렇기에 좀 더 자유롭게 공부할 수 있다. 복습할 때 누워서 하거나 편안한 자세를 적극적으로 활용하는 것이다. 또한 음악을 듣는다 해도 처음 새로운 내용을 공부할 때보다 집중에 영향을 주지 않는다. 전반적으로 더 자유로운 환경에서 한다는 강점이 있다.

마음이 급해져서 많은 양을 다루려는 것 또한 대개 처음 계획이 무너졌기 때문이다. 하지만 이렇게 급하다고 양으로만 승부를 보려고 하는 경우 결국 실패할 공산이 크다. 급할수록 천천히 가는 것이 더 중요하다. 사실 우리가 이미 이론을 공부한 상태에서 문제집을 푼다고 할 때, 원래 알던 부분을 제외하면 새로 얻는 것은 일부분일 뿐이다. 그 일부분에 더 집중해야 실력이 늘지 전체 양만 계속 늘린다고 무조건 실력이 좋아지는 것은 아니다. 적은 시간만 공부하고도 높은 성적을 받을 비법이 여기에 있다.

D.

무엇이든지
미루는 유형

사실 공부하기 싫어하는 사람들이 지닌 공통
된 특징이라 할 만한 것이 일단 미루고 보는 것이다.
'나중에 급해지면 그때 가서 해야지' 하는 생각에 마지막 순간까지
미루다가 항상 시험 전날 벼락치기를 하거나 마감 전날 밤을 새워
서 과제를 완성한다. 사실 공부를 잘하는 사람 중에도 이렇게 할 일
을 미루는 유형이 꽤 많다. 거의 타고난 성격에 가깝기에 바꿔 나아
가는 것이 쉽지는 않다.

TED라는 다양한 교육 영상을 제공하는 사이트엔 팀 어번의 영
상 'Inside the mind of a master procrastinator'가 있다. 이는 '할 일
을 미루는 사람의 심리'에 관한 내용이다. 그는 우리 머릿속에 쉽
고 재미있는 일만 하고 싶어 하는 원숭이와 합리적인 의사 결정자
가 있다고 가정한다. 결국, 매번 원숭이가 뇌의 운전대를 잡게 되어

일을 미루게 된다는 식으로 설명한다. 평소에 자주 공부나 해야 할 일을 미루는 사람이라면 누구나 공감할 만한 내용이니 한번 시청해보아도 좋을 것이다. 유튜브에서 이 영상을 시청한다면 댓글 중에 이처럼 미루는 습관에 대한 해결책을 제시한 의견이 많다. 그중에는 내가 평소에 생각하던 것과 거의 90퍼센트 이상 일치하는 견해도 있다.

Chapter 4의 '일단 달리기 시작하면 멈추는 것이 더 어렵다'에서 이와 비슷한 방법을 소개한 적이 있다. 그 부분을 읽지 않았다면 꼭 읽어보기를 권한다. 핵심적인 내용을 다시 소개하자면 미루는 습관을 고쳐 나아가기 위해서는 우선 계획을 극도로 작게 잡는 것부터 시작해야 한다는 사실이다. 계획이 거창하거나 양이 많을수록 어차피 오늘 다 하지 못할 것이라는 생각에 아예 시작도 안 하게 된다.

이쯤에서 공부를 미루는 습관을 완전히 없애는 4단계 방법을 살펴보자.

1단계, 하루에 10분만 공부하는 것부터 시작한다. 10분은 누구든 움직이게 만드는 마법의 시간이다. 내 경우 운동하는 것을 10년 동안 미루다가 우연한 계기로 10분씩만 하자는 마음으로 시작하게 되었다. 여전히 운동 시간은 길지 않으나 지금은 거의 매일 운동을 하는 습관이 생겼다. 여기서 중요한 점은, 오늘 10분을 하는 것이다. 오늘 하나도 안 하고 내일 20분을 한다고 해도 오늘 계획은 안 한 것으로 봐야 한다. '내일 20분 하면 되겠지'라는 생각이 또 미루게 만드는 것이다. 그러니 매일매일 10분씩만이라도 계획대로 실천해보자.

2단계, 자신이 완수한 계획에 대해서는 기록한다. 착한 일을 했을 때 포도송이에 포도알 스티커를 붙이는 것처럼 하루하루 계획을 잘 실천했는지 전체 기간과 성취 정도를 한눈에 볼 수 있게 기록하면 더 좋다. 이를 통해 스스로 성취감을 느끼도록 만들 수 있으며 실천하지 않은 날도 한눈에 보이기 때문에 더 자극을 줄 수 있다.

3단계, 매일 계획을 완수해갈 때마다 스스로를 자랑스럽게 여긴다. 세상에는 자신과의 약속은 남들이 알지 못한다고 쉽게 여기는 사람도 많다. 하지만 이를 잘 지켜나간다는 점에서 당신은 매우 멋지고 훌륭한 사람이다. 뭐든 이뤄낼 무한한 잠재력을 가진 사람이니 칭찬받는 것이 당연하다.

4단계, 이렇게 기록하여 한 달 계획 중 80퍼센트 이상을 완수했다면 스스로에게 보상한다. 반대로, 계획을 실천하지 않은 날에 벌칙을 부여하는 방식을 적용할 수도 있다. 자신의 성향에 맞게 스스로 자극을 주는 방식을 선택하면 된다. 공부 자극 방법에 대해서는 Chapter 7에 자세히 소개되어 있다.

미루는 습관은 쉽게 고치기 어렵지만 한 번 습관을 바로잡으면 쉽게 원래대로 돌아가지 않는다. 이 4단계 원칙을 믿고 오늘부터 단 10분이라도 실천해보기를 적극 추천한다.

E.
무엇을 필기해야 할지
고민하는 유형

대다수 사람이 수업이나 강의를 들을 때 필기하는 습관을 갖고 있다. 일단, 손에 펜을 쥔 채로 강의를 듣는 것이다. 하지만 의외로 무엇을 필기해야 할지 모르는 사람이 많다. 필기한다는 사실 자체도 중요하지만 어떤 내용을 적느냐가 더 중요하다.

아예 필기를 안 하는 사람들도 있다. 필기도 안 할 뿐만 아니라 국어나 영어 독해를 할 때 글에 어떠한 표시도 하지 않는다. 즉, 책과 노트 모두 아주 깨끗하다. 물론, 이렇게 필기 없이 수능 고득점을 맞았다는 사람도 있다. 하지만 이런 예외적인 케이스에 집착해서는 안 된다. 일반적으로 이처럼 깨끗하게 공부하는 사람들은 최상위로 도약하는 데에서 한계에 부딪힌다. 그럼에도 어느 정도 공부를 잘하는 사람일수록 자신의 습관을 바꾸려 하지 않는다. 필기를 안 하더라도 자기는 잘해왔다는 생각이 있기 때문이다. 결국 더 잘할 가능성이 있는 기회를 놓치고 마는 것이다.

반대로 뭐든지 다 필기하는 사람도 있다. 강의 내용을 하나도 빠짐없이 빼곡히 기록하는 것이다. 사실 내 경우에는 이렇게 필기를 하라 하더라도 못한다. 강의 내용을 온전히 받아 적으면서 계속 다음 내용을 따라가는 것이 쉬운 일이 아니다. 이혜정 박사의《서울대에서는 누가 A+를 받는가》에는 학점이 높은 학생들의 특징이 나온다. 비판적인 사고나 창의적인 접근을 하는 학생들이 아니라 결국 교수가 말하는 내용을 빠짐없이 잘 필기하는 경우 학점이 높다는 것이다. 이처럼 빠짐없이 받아적는 것은 당장 높은 점수를 받는 데는 도움이 될 수 있다.

특히, 학교 내신이나 대학 강의와 같이 교수 1인이 출제하는 시험에서는 더 유리하다. 서술형 시험에서는 하나의 정해진 답보다는 다양한 방향으로 서술하는 것이 가능하다. 이때 채점자는 결국 자신의 평소 생각과 유사한 의견에 높은 점수를 주는 경향이 강하다. 그래서 교수의 방향을 읽는 것이 점수 따는 데는 도움이 된다.

하지만 공부를 잘하는 학생들이 수업 내용을 빠짐없이 필기한다고 해서 나도 필기를 열심히 하면 공부를 잘하게 되리라는 생각은 큰 오산이다. 오히려 수업에 집중하지 못하고 필기에만 집착할 가능성이 더 크다.

필기는 꼭 필요하지만 다는 아니다. 교수들 중 수업 시간에 필기하는 학생들에게 그만 좀 필기하라는 말을 하는 경우가 있다. 필기하지 말고 지금 이 자리에서 생각하고 이해하고 암기하라는 것이다. 이 말은 반은 맞고 반은 틀리다. 물론, 너무 필기에만 집중하는 경우 수업 내용을 그 자리에서 습득하지 못한다. 나중에 복습이라도 하면 되지만 그렇게 열심히 필기하고 안 보는 경우가 더 많다. 그래서 지금 집중하라는 것이다. 하지만 반대로 지금 이해했다 하더라도 일주일 후에 잊어버릴 수 있다. 반복 학습을 위해서는 결국 적어두는 편이 좋다. 그렇기에 절반은 맞지만 절반은 틀렸다고 볼 수 있다.

일반적으로 필기를 해야 하는 부분은 교재 내용에 대한 부가적인 설명, 교재 외적인 추가 설명 등일 것이다. 그중에서도 중요한 것은 교재만 읽었을 때 단번에 이해되지 않는 부분이다. 특히 그러한 부분에 대해 충분한 필기를 해두는 것이 좋다. 또한 학교 내신이나 대학 강의 같은 경우, 교수 개인의 성향에 따라 필기해야 하는 범위가 달라진다. 크게 중요하지 않은 세세한 내용까지 출제하는 경우에는 최대한 꼼꼼히 필기하는 것이 필요하다. 반면, 중요한 주제들만 크게 다루는 경우 세세한 내용에 집착하기보다는 수업 자체에 집중하는 것이 좋다. 결국, 강의하는 사람의 시험 출제 성향에 따라 필기하는 방식도 바꿔주는 것이 좋다.

F.

돈을 아끼다가
인생을 낭비하는 유형

인생을 살아갈수록 돈의 중요성을 직접적으로 실감하게 된다. 돈을 가치 있게 쓰기 위해 어려서부터 아끼는 습관을 갖는 것도 중요하다. 하지만 정작 꼭 필요하고 중요한 순간에는 돈을 쓰지 못하고 엉뚱한 상황에서 아깝게 돈을 낭비하는 경우도 많다.

만 원으로 영화 티켓을 사서 매우 재미있어 보이는 영화를 보기 시작했다고 생각해보자. 30분쯤 보았는데 영화가 완전 엉망일뿐더러 재미도 없고 더 이상 앉아 있을 이유가 없을 때를 생각해보자. 경제학에서 '매몰비용'이라는 용어를 설명할 때 전통적으로 자주 드는 예시다. 많은 사람이 그래도 영화 티켓을 산 돈이 아까워 끝까지 영화관에 앉아 있게 마련이다. 하지만 정작 더 아까운 것은 그러한 영화를 보고 있는 자신의 시간이다. 이미 돈을 지불했다면 그것으로 끝이다. 그 상태에서 자신에게 더 큰 즐거움이나 기쁨을 줄 수 없

다면 그대로 포기하고 밖으로 나오는 것이 이득이다. 영화를 끝까지 다 본다면 오히려 부정적인 기분만 강화될 것이다.

공부할 때도 마찬가지다. 문제집을 샀는데 이 책은 아무래도 잘못 산 것 같을 때가 있을 수 있다. 책 내용이 엉성할 수도 있고 난이도가 나에게 적합하지 않을 수도 있다. 이미 앞에 몇 장을 풀어서 교환이나 환불도 어려운 상황이다. 그렇다면 일단 끝까지 풀 것인가? 아무리 엉성한 책이라도 조금은 도움이 될 수 있다. 그 조금의 도움을 위해 한 권을 다 푸는 사람이 많을 것이다. 하지만 이 역시 시간 낭비다. 돈이 더 들더라도 다른 책을 다시 사서 공부하면 같은 시간에 훨씬 많은 것을 얻을 수 있다.

처음에 책을 사느라 쓴 돈은 인생의 수업료라 생각하면 된다. 내가 꼼꼼하게 알아보지 못해서 쓰게 된 돈이지만 앞으로 같은 실수를 반복하지 않는다면 훨씬 이득이다. 인생을 살다 보면 책값보다 훨씬 큰돈도 잘못된 선택으로 날려버리는 경우가 많다. 책 한 권 값으로 이 정도를 배울 수 있다면 남는 장사인 셈이다.

교재뿐만 아니라 인터넷 강의 등도 마찬가지다. 강사의 말투나 진행방식이 거슬린다면 끝까지 보지 않는 것이 좋다. 다소 비싼 비용을 지불했더라도 질적으로 만족할 수 없다면 거기서 멈춰라. 어린 나이일수록 아깝다는 생각이 더 들 수 있다. 하지만 당신의 인생은 그걸 참고 견디는 것보다 훨씬 가치 있다.

자신에게 적합한 공부 장소를 확보하는 데서도 마찬가지다. 만약 집에서 주로 공부를 한다면 큰 비용이 발생하지 않을 것이다. 하지만 스터디 카페가 자신에게 최적의 공부 장소라 느껴질 수 있다. 이때에도 비용 때문에 망설여질 수 있다. 진짜 제대로 공부를 하는 사람이라면 장소에 상관없이 집에서도 잘할 수 있어야 한다는 생각이 들 수 있다. 하지만 그렇게 참으면서 하는 공부는 좋지 않다고 누누이 말했다.

비용이 정 문제라면 이틀에 한 번 정도씩만 스터디 카페에 가는 것도 방법이다. 스터디 카페도 매일 간다면 지루해질 수 있다. 그러니 하루는 집에서, 하루는 스터디 카페에서 공부하면 자연스럽게 동일한 장소에서 공부하는 데 따른 지루함을 줄여주고 비용도 절약할 수 있다.

지금 각자가 매진하고 있는 공부는 서로 다를 수 있겠지만 그 노력의 대가는 분명 더 높은 소득으로 이어질 것이다. 미래의 소득 증가가 불확실하다는 생각에 현재를 아깝게 낭비하여서는 안 된다. 현재 자신의 시간을 아끼고 가치 있게 생각해야 미래 소득도 더욱 증가하는 것이다.

공부하기가
죽기보다 싫을 때
읽는 책

초판 1쇄 발행 | 2019년 9월 10일
초판 8쇄 발행 | 2022년 7월 1일

지은이 | 권혁진 **펴낸이** | 전영화 **펴낸곳** | 다연
주소 | (10551) 경기도 고양시 덕양구 의장로 114, 더하이브 A타워 1011호
전화 | 070-8700-8767 **팩스** | (031) 814-8769 **이메일** | dayeonbook@naver.com
본문 | 미토스 **표지** | 강희연

ⓒ 권혁진

ISBN 979-11-87962-75-5 (03320)

※ 잘못 만들어진 책은 구입처에서 교환 가능합니다.

이 도서의 국립중앙도서관 출판예정도서목록(CIP)은 서지정보유통지원시스템 홈페이지(http://seoji.nl.go.kr)와 국가자료공동목록시스템(http://www.nl.go.kr/kolisnet)에서 이용하실 수 있습니다.
(CIP제어번호 : CIP2019033803)